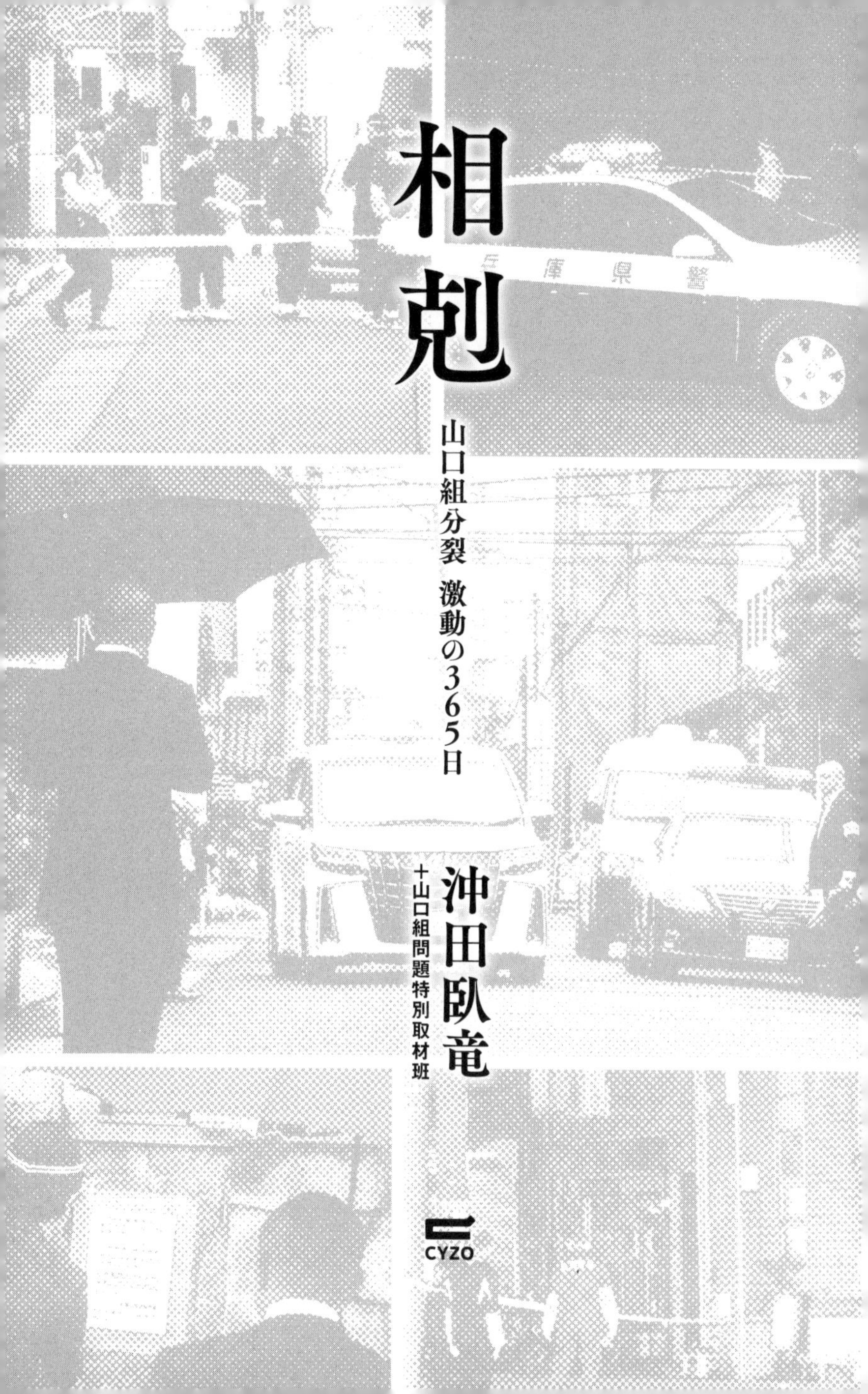

相剋

山口組分裂　激動の365日

沖田臥竜
＋山口組問題特別取材班

CYZO

はじめに

どんなに時代が移ろうとも、裏社会の頂点に立つのは暴力団と呼ばれるヤクザであることに変わりはない。ヤクザを取り締まる法の厳罰化が進んだ現在においても同様だ。

それは刑務所の中を見ればよくわかる。塀の中で務める「懲役」と呼ばれる受刑者は、１００パーセント犯罪者である。そこで一目置かれる存在は、やはり現役のヤクザなのである。半グレと呼ばれる若者ではない。偉い親分などが刑務所にやってくると、管理上、支障をきたすために昼夜独居という措置を行い、他の受刑者と接触させないようにする。何故ならば、服役者が刑務官の言うことよりも、力のある親分の言うことを聞く恐れがあるからだ。親分衆に限らず、現役のヤクザが工場へと配役されれば、必ず一定の配慮を持って周囲の受刑者たちは接する。それは、誰しもが裏社会の頂点に君臨するのが、ヤクザと認識しているためだ。シャバと刑務所の間は高い塀で隔たれているが、地続きでつながっている。ましてや刑務所は「社会の縮図」と形容されることがあるぐらいで、刑務所の中だろうと外だろうと、ヤクザが頂点であることは共通している事実なのだ。

ただ、ヤクザたちが裏社会の頂点に立っているとはいえ、オモテ社会から注目を集めることはそう多くない。むしろ、2015年からの今までの約5年間は異常だった。それもこれも六代目山口組が分裂したためだ。

当初から囁かれていたのは、髙山清司若頭が仮に府中刑務所に収監されていなければ、「分裂は起きなかった」という説だ。そして、髙山若頭の出所が近づくにつれ、六代目山口組サイドから聞こえてきたのは、「髙山若頭が帰ってくれば、分裂問題はすぐに解決する」という言葉だった。

そして、2019年10月に髙山若頭がついに出所。わずか1年で、囁かれていたように分裂問題は大きく動いたのであった。

本書では、その激動の1年を振り返りながら、日本の裏社会の一断面である山口組の分裂抗争を解説していきたい。

沖田臥竜＋特別取材班

目次

第3章　流血の惨事

第4章　膠着化する分裂抗争

第5章　水面下の攻防

※本書はニュースサイト「ビジネスジャーナル」（https://biz-journal.jp/）に掲載した記事を改題のうえ、加筆修正したものです。各記事表題にある年月日はサイトに配信された日時を指しており、組織名や役職名は配信された当時のままとした。

第1章

出所前夜の争乱

「権太会」が神戸山口組を離脱 ～2019年9月18日

大阪の方言に「ごんたくれ」という言葉がある。手のつけられない腕白や乱暴な行いをする人に対して、愛着を持って使われる呼び名だ。

幼少期から、そうした「ごんたくれ」を地でいく人物が大阪市生野区に存在していた。そして、いつしかその人物は周囲から「ゴン太」と呼ばれ、恐れながらも頼りにされる存在になっていくのである。

その人物こそが、関西の裏社会にその名を轟かせ、一代で自らの組織を全国区にまでのし上げた、権太会《ごんたかい》の平野権太会長だ。

弱肉強食の関西の裏社会に名を刻むには、他者を寄せつけない圧倒的な暴力こそ必要不可欠。キレイごとだけでは、決して生き残れない。背景に暴力があるからこそ、人は恐れおののき、その人物を頼るのだ。言うなれば、それこそがヤクザの典型かつ理想の生き方で、それを地でいく平野会長には、多くのアウトローが惹きつけられ、その配下へと加わっていったのだ。そうやって勢力拡大してきたのが権太会である。

「ヤクザは暴力こそがすべて。暴力を信奉する人こそがヤクザの親分へとなっていく。しかし、そうした親分は、いつしか平和を望むようになる。確かに、暴力団対策法が改正され、暴力団排除条例の施行により、ヤクザ社会を取り巻く環境は大きく変わった。だが、どれだけヤクザに対する厳罰化を打ち立てても、ヤクザの根底は変わらない」

長年、ヤクザ社会に携わってきた専門家が筆者に対して述べた見解である。確かにその通りだろう。だからこそ、ヤクザをどれだけ弾圧しても、発砲や刀傷沙汰は完全にはなくならない。もちろん大きな代償を支払うことになるが、それでもヤクザが暴力の行使をためらっていては、組織を大きくすることはできないことは平野会長を見れば明らかだ。

「権太会幹部の面々、それぞれが大阪の裏社会では名が売れている。今では、そこに県外からのアウトローも加入しており、末端の組員や半グレまで含めると、その勢力はプラチナ級（山口組二次団体規模）と噂されているほどだ。大阪で有名になるには、日本で唯一暴動が起きた街・西成か、大阪随一の繁華街・ミナミで名を売っていくのが近道なのだが、その界隈で権太会長を知らない不良はいない」（地元関係者）

暴力の行使をいとわない平野会長は何度となく社会不在を余儀なくされた。だが、身体を何年、拘束されようとも、平野会長の心まで拘束することはできなかった。刑務所の中、特に関西管区の刑務所では、どこに行こうが、必ずといっていいほど、平野会長の舎弟か若い衆が存在している。

十数年前に、すでに隠然たる影響力を持っていた平野会長が大阪刑務所に務めている時などは、受刑者だけでなく、刑務官も最善の配慮をはかっていたほどだ。大阪のアウトロー界隈の頂点が、平野会長だといっても言い過ぎではないだろう。

その平野会長が率いている権太会は、これまで神戸山口組系組織に所属していた。山口組分裂騒動の最中も、どこの組織と対立しても一歩も譲ることなく、勢力を拡大させ続けていたのだ。その権太会が神戸山口組傘下から離脱するという話が業界関係者の間で駆けめぐり、激震が走ったのである。

「分裂後、六代目山口組傘下で、もっとも勢いがあると言われている組織があります。その組織に平野会長が加入するのではないかと噂になったんです。その話は瞬く間に、関係者らに広まることとなり、権太会が神戸山口組から離脱するのではないかと憶測が広まってきました」（在阪のジャーナリスト）

権太会が神戸山口組を離脱し、六代目山口組へと復帰を果たせば、双方が均衡を保っていた大阪の繁華街でのパワーバランスが一気に崩れることにもなりかねない。そうした声が強まるなかで、権太会の上部団体であった神戸山口組直系の三代目古川組から、平野会長に対する破門状が出た。

だが、それは平野会長自身が、望んだことであったという。

権太会会長の素顔とは……

平野会長の渡世入りは、兵庫県伊丹市に本拠地を置いていた松野組となる。もともと松野組は三代目山口組直系の初代大平組の傘下にあった。

今では、どの組織でも若頭に次ぐ組織の要役として、本部長という役職が設けられている。初めて山口組に本部長が新設されたのは三代目時代で、新設された本部長に初めて就任したのが初代大平組・大平一雄組長だ。その大平組傘下から、松野組は山口組の直系組織へと昇格している。その際、同じく大平組から山口組直系へと昇格を果たしたのが、兵庫県尼崎市に本拠地を置く初代古川組で、さらに数年後には、長野県に本部を構えていた近松組が大平組から山口組直系へととりたてられた。

その松野組内にあって、武闘派として異彩を放つ組織があった。それが大阪市大正区にあった尾上組で、同組で最高幹部を務めていたのが平野会長であった。前述の通り、松野組が山口組直系になると、平野会長は松野組で最高幹部職を歴任。だが平野会長の服役中に、松野組は二代目体制へ。その後、本家である六代目山口組から二代目松野組組長が除籍。残った組員らは、松野組の出身母体である二代目大平組に戻ることになった。そのなかには、当時まだ名もなき筆者も含まれていた。

平野会長は二代目大平組でも最高幹部も歴任していくことになるのだが、その当時の秘話には事欠かない。松野組時代には、同組織で若頭を務めていた某組長のあまりの横暴さに腹を立て、追いかけ回したこともあれば、大平組定例会に拳銃を持参して大ゲンカしたこともあった。群雄割拠といわれる西成の博打場でも、「ゴン太じゃ！」で押し通してきたのである。普通の不良ではまかり通らないことを、平野会長は平然とやり遂げてきたのだ。

そんな姿を、当時の筆者は間近で見ていた。一言でいえば、豪快。そして若い衆からは抜群の人気があった。

しかし、そんな豪快さが災いして、平野会長は再び刑務所へと収監されることになってしまうのだ。その受刑生活中に、二代目大平組は親分の中村天地朗組長の引退に伴い、組織名称を一旦、封印することになる。そして平野会長は出所後、二代目古川組へと移籍。最高幹部の一角を担う。この時、組織名を「平野組」から現在の「権太会」へと変更させたのだ。

そして現在、三代目古川組から破門状が出たことで、神戸山口組傘下からの離脱が決定した。先にも記したように、それは平野会長の意向によるものであったという。

「権太会長は超がつくほどのイケイケだが、その半面、とにかく義理堅い親分としても知られている。ヤクザとしての筋については、ものすごくキチッと考えている親分だ。それだけに、今回の離脱も若い衆の将来を見据えてのものではないか。神戸山口組には世話になった義理があるとして、平野会長のほうから古川組、ひいては神戸山口組を離脱するにあたって、みずから破門を申し出たそうだ」（某組織幹部）

この平野会長の義理堅さは、筆者にも思い当たるフシがある。

例えば、平野会長は今でも人知れず、引退した中村天地朗組長のことを現役時代と変わらぬまま大事にしている。「大平一門の親分言うたら、引退されても中村の親分だけ」という平野会長の言葉には感銘を受けた。

また筆者に対しても、物書きの世界に飛び込んだことを一番に喜んでくれたのが、引退した中村の親分と平野会長であった。そして、平野会長からは「同じ大平一門として応援しているから、先生、妬みややっかみに負けずにがんばれ」と激励を受けた。生まれて初めて「先生」と呼ばれたことへの気恥ずかしさ、大先輩から「先生」と呼ばれたことへの恐縮、さまざまな感情が入り交じり、この時、筆者はどんな顔をしていたのだろうか。平野会長はお構いなしに続けた。「ただし、ワシらが表に出れば、先生の足を引っ張ることにもなりかねないので、応援するのは影からになるけどな」。

その言葉に筆者はどれだけ救われ、今まで支えとしてきたことか。

神戸山口組に義理を感じながらも、大所帯となった権太会の将来を考えて、平野会長は離脱を決断したのかもしれない。離脱後の権太会が、仮に六代目山口組系列に加わることになれば、今年最大の大型移籍となるのではないだろうか。

注目される移籍先とは……

その権太会を率いる平野会長の心中について、ある関係者は筆者の取材に対して、このように述べた。

「平野会長の離脱は、神戸山口組に対して、何か不満があってのことではない。会長は神戸山口組系組織で2年間お世話になった恩義を大切にしてこられた。そもそも、神戸山口組への義理を優先し、分裂後に六代目山口組傘下にあった二代目古川組を、内部の意見に耳を傾けながら、神戸山口組へと移籍させた本当の立役者は平野会長だと言われている。だが、時が経ち、ヤクザとしての行く末、筋を考えた時、六代目山口組に戻るのが本筋だと英断されたのではないだろうか」

平野会長、そして権太会に関しては、さまざまな情報が錯綜している。一部では、移籍先がすでに決定しているという噂も飛び交っているようだ。移籍先として、六代目山口組の保守本流、三代目弘道会のなかでもっとも勢いのある組織の名前が上がっているのだ。
「権太会が、弘道会の野内正博統括委員長率いる組織、野内組に移籍するのではないかという噂が業界内で駆け抜けました。実際、日を追うごとにそうした声は大きくなってきています。ただ、権太会を招き入れたい組織は他にも複数あるとも聞こえてきます。現在、水面下で争奪戦が繰り広げられているという話です」（実話誌記者）
　現在の権太会の勢力は、末端や半グレまで数えると100人にもなると言われており、仮に、その勢力を自軍に入れることができたなら、その組織は巨大化することになるだろう。そのため、権太会は六代目山口組系組織に加わるにあたって、三分割されるのではないかという話まで飛び交ったのだ。
「配下の組員を三分割なんて、できないのではないか。集まった組員はみんな権太会長の魅力に惹かれて権太会の組員になっている。ヨソの組織に分かれて加入するとは考えられない。一方で、権太会長が病気療養のために引退するのでは……という噂までまことしやかに囁かれていたが、どれもこれも誤報だ。権太会長は今もバリバリ現役。何も問題ない」（フロント企業関係者）
　筆者も、この見解が的を射ていると思った。そして、それがついに現実となるのである。

平野会長は、野内組の相談役という、いわば名誉職で同組織に移籍。権太会も分割されることなく、野内組へと加入したのである。

「すでに六代目サイドでは移籍報告書が出されているという話だ。ここ最近の移籍報告書には、トップの移籍だけではなく、配下の組員の名前まで記されている。だが権太会の場合は組員が多すぎるために、移籍報告には配下の組員まで記されなかったようだ。その一面だけを見ても、今年最大の大型移籍になったのではないか」（業界事情通）

現在、府中刑務所に服役中の六代目山口組・高山清司若頭の出所まで、いよいよ1カ月を切った。高山若頭の出所を目前に、平野会長の移籍は、分裂騒動に大きなうねりを起こす可能性が高い。

射殺事件発生で当局が伝家の宝刀を抜く ～2019年10月12日

各組織が月に一度開催する定例会。二次団体といえども、神戸山口組の中核組織「五代目山健組」の定例会ともなれば、全国から直系組長が集結するため、会合も大規模なものとなる。当然、そこには警戒にあたる捜査関係者や報道関係者が詰めかけることになるのだ。10日10日に行われたそれも、ある種の日常的な光景であった。

この日開催された定例会で変わった点があったとしたら、五代目山健組組長である中田浩司・神戸山口組若頭代行が先月に引き続いて欠席していたことと、会場となった神戸市中央区花隈町にある山健組本部事務所周辺に、山健組関係者のみならず、捜査関係者や報道関係者までもが気に留める人物がいたことだろう。

ただ、その人物がまさかヒットマンであったとは、誰も想像することができなかった。

「その男は、某出版社の週刊誌カメラマンを名乗っているのに、明らかに態度がおかしく、シャッターチャンスでも撮影する気配がまったくなかったといいます。そして定例会が14時頃に終了し、捜査関係者も報道関係者も引き上げたのに、その人物だけは残っていたというのです」（ジャーナリスト）

あとからわかることだが、その人物は偽造した出版社の名刺を持ち、週刊誌スタッフだと身分を騙っていたのだ。

「男の挙動を不審に思った山健組系組員が用件を問いただしにいこうとしたとき、ちょうど、周辺を警戒中だった警察官も到着、男に職務質問をしようとしました。するとその瞬間、男が近くに寄ってきた山健組系組員たちに向かって拳銃を発砲したと聞いています」（前同）

その男は六代目山口組の中核組織「三代目弘道会」系幹部である丸山俊夫容疑者だった。同容疑者が放った銃弾で、2人の山健組系組員が亡くなるという惨事になったのだ。

丸山容疑者はすぐに身柄を確保されるが、さらに事態は思わぬ方向へと急展開を見せる。

「当局はこれを8月に神戸市で起きた事件の報復ではないかと判断したようです。8月に起きた事件というのは、弘道会の関連施設で弘道会系組員が何者かによって撃たれ、重傷を負った事件です。犯人こそ逮捕されていませんが、当局は神戸山口組の犯行ではないかとして捜査を進めていたようで、その報復として、丸山容疑者が射殺事件を起こしたという可能性が高いと見ているようです」(実話誌記者)

今回、当局は六代目山口組と神戸山口組の対立が激化した末の事件と位置づけ、暴対法にのっとり、両組織に対して事務所の使用を禁じる、いわゆる使用制限をかけるのではないかという情報がすぐに流れたのである。さらに、当局の伝家の宝刀ともいえる「特定抗争指定暴力団」への指定を行うのではないかという憶測が一気に広まったのだ。

「六代目山口組の分裂後、これまで各陣営の対立が泥沼化しなかったのは、特定抗争指定暴力団に指定されることを避けるためだったとも言われている。特定抗争指定暴力団とみなされたら、警戒区域内の各事務所への出入りが規制されるだけでなく、組員に対する逮捕の要件が緩和され、これまで以上に規制をかけられてしまうことになる。ただでさえ、現在のヤクザ社会を取り巻く環境は厳しいものとなっている。これ以上締め付けられたら、いったいどうなってしまうのか」（事情通）

主要事務所が次々と使用禁止に　～2019年10月15日

兵庫県警は2019年10月11日、六代目山口組と神戸山口組の対立抗争について、暴対法における組事務所の使用制限をかけられるだけの状況がそろったとして、神戸市灘区にある六代目山口組総本部をはじめとする関係先など、同県内に存在する計11カ所に対して捜査員180人体制で使用制限の仮命令を発出した。

六代目山口組で総本部以外に使用制限を受けたのが、今年8月、発砲事件が起きた神戸市内にある三代目弘道会の関連施設。神戸山口組では、神戸市中央区二宮にある本部事務所、五代目山健組本部、山健組傘下組織である與《あたえ》組、三代目宮鉄組ほか5カ所。まずは仮命令が下されたが、今後、兵庫県公安委員会が15日以内に意見聴取の場を設置し、本格的な使用制限が出される見通しだ。

この規制を招いた根拠となるのが、10月10日に神戸市内で起きた弘道会系組織幹部による山健組系組員射殺事件であることは、その仮命令の発出時期から見て間違いない。
「当局では、10月の射殺事件は8月の『弘道会系組員銃撃事件』への報復とみているのです。そして、すでに8月の事件発生時点で当局は主要事務所への使用制限仮命令に向けた準備に入っていた可能性もあります。というのも、2019年4月に神戸市内で五代目山健組・與則和若頭が弘道会系組員によって刺される事件が起きましたが、捜査当局では8月の発砲事件は、山健組による報復だったとみていたからです。ただ、犯人が逮捕されていなかったために、個人的な怨恨の線も捨てきれなかった。そうしたなかで、今回は白昼堂々、警察官がいる目の前で山健組系組員を射殺する事件が起きた。これを看過していては、さらに過激な報復を生む可能性があり、当局は規制を急いだのです」(事情通)
つまり、報復の連鎖を断ち切るべく、当局が動いたのである。それゆえ、使用制限の範囲は兵庫県内の11カ所で終わるわけがなかった。4月からの一連の事件に関わりのある傘下組織が軒並み使用制限を受けることになったのだ。
台風一過となった10月13日、3連休のど真ん中の日曜日。愛知県警捜査員約50名が、名古屋市にある弘道会本部に続々と入っていった。県警は弘道会本部に使用制限をかけると、弘道会系十代目稲葉地一家や関連施設に向かい、合わせて計5カ所に使用制限をかけたのだ。さらに、岐阜県警は弘道会系野内組に、大阪府警は野内組傘下の二代目北村組と、山健組系2カ所の計3カ所に対して、同じく使用制限をかけたのである。この日までに一連の事件の関係先とみなされた20カ所が使用制限を受けることになったのだ。

先に触れた「特定抗争指定暴力団」という規制は、暴対法が2012年に改正された際に新たに設けられた規制だ。当時、九州で起きていた道仁会と九州誠道会（のちに解散）との抗争を念頭に制定された。そのため、これまでに指定を受けたのは先の2団体のみ。これに比して、今回の使用制限は改正前の暴対法にも規定されており、過去に山口組系組織が受けたことがある。

では、具体的に組事務所の使用制限という規制が、ヤクザにいかなる影響を及ぼすのか。

「基本的に、使用制限をかけた場所に組員は出入りできないわけだが、事務所に住民票を置いている組員の出入りに関しては居住権を侵害するわけにいかず、今のところ事務所を住まいにしている組員の出入りだけは可能だ。が、制限が解除されるまで、月に一度の定例会は当たり前のこと、事務所でこれまで行ってきた組行事も執り行うことができない。聞こえてくる話では、仮に別の組事務所で、それらの行事を行えば、当局はそこにも使用制限を次から次へとかけるのではなんて噂も出ている」（某団体幹部）

この幹部の話によれば、今回の緊急事態を受け、月に一度の定例会などの行事を取り止めることを早々と決めた組織も出てきているという。そして、致命的になっているのは、やはり六代目山口組総本部への使用制限だと、この幹部は続ける。
「事始めや定例会だけでなく、総本部ではハロウィンの日になれば、地域住民の子どもたちにお菓子を配ったり、年末には地域住民を招待し、餅つき大会を開催したりしていた。一般の人々とヤクザが触れ合う数少ない機会を持てる場でもあったのだ。組員たちの顔を直接見ることで、近隣住民の人たちに安心してもらえる側面もあったと思う。そうした機会が奪われてしまった。何より山口組にとって、総本部に使用制限をかけられるということ自体が創設以来、初めての出来事。その事実が重くのしかかっている」

「山口組総本部」に使用制限がかけられた意味

五代目山口組時代、渡辺芳則組長宅があったことから「本家」と呼ばれていた現在の六代目山口組総本部。2005年に六代目体制が発足すると、司忍組長宅が名古屋にあることから、名古屋の司組長宅を「本家」。神戸市灘区にある六代目山口組総本部を「総本部」と呼び、使い分けるようになっていた。

六代目山口組総本部とは、山口組組員にとって聖域にも等しい場所であった。例えば刑務所の中でも、山口組系組員同士が会話する際、「自分は総本部に行ったことがある」と言えば、それだけで一目置かれる場所であったのだ。

筆者自身、渡辺五代目体制時代、二十代で初めて「ガレージ当番」と呼ばれる駐車場の守衛的任務で総本部に足を踏み入れた時には、「ここが本家か」と感慨深い感情を抱いたことを覚えている。その後、六代目体制に入ると、筆者が所属していた組織の親分のお供として何度も総本部に出入りするようになるのだが、行くたびに身の引き締まる思いを感じていた。自分がヤクザであることを、あらためて感じさせてくれる場所でもあったのだ。

特に、今でも鮮明に覚えているのは、我が親分が社会不在を余儀なくされたため、月に一度、総本部で開催される定例会に、筆者が代理出席したときのことだ。定例会では冒頭に出席を取るのだが、その際、代理出席者は「代理です」と返事しなければならない。

「ええか。総本部は独自の雰囲気がある。それに飲まれないように大きな声で、返事せなあかんぞ」

前日に心やすくしていたプラチナの組長（直系組長）からそう助言されたのだが、確かに司組長をはじめとした全国の親分集が一堂に会する総本部の大広間は、全身がシビれるほどの独自の空気が支配していた。

それは、六代目山口組総本部だけではない。神戸市花隈にある山健組本部にしても同様であった。筆者が在籍していた組織は、阪神ブロックに所属しており、当時同ブロック長を務めていたのが、現在の神戸山口組・井上邦雄組長であった。そのため、公用で井上組長が率いていた頃の四代目山健組本部へと伺うことがたびたびあったのだが、山健組本部もまた、独自の緊張感がみなぎる場所であった。

モチベーションや求心力の低下につながる恐れ

山口組組員にとって、そうした聖域であった場所が、次から次へと使用制限を受け、組員の立ち入りなどを禁止されたのである。だが、渡辺五代目体制当時からそうした危惧があったのは確かだ。

「今後、住民票を置いている、つまり住居として使用していると認められる組員しか本家に出入りできなくなる可能性があるとして、当時の総本部長の岸本才三組長（初代岸本組組長）と毛利善長組長（毛利組組長／現・神戸山口組本部長）、それに初代岸本組本部長らが、そうした事態に備えて、本家に住民票を置くかどうか検討したことがあったと言われている。今回もそうした事態には備えていたとは思われるが、実際に総本部を使用できなくなるのと、将来的に使用できなくなる可能性があるのとでは、心理的にもまったく違うのではないか」（元二次団体幹部）

確かに今回の使用制限は、組員たちのモチベーションや求心力の低下につながる恐れがある。しかし、当局も簡単に使用制限を解くことはないだろう。犯罪事情に詳しい専門家はこう話す。

「まず、今のまま山口組が3つ存続したまま対立状態にある間は、使用制限が解除されることはないでしょう。建前であったとしても、キチッとした和解内容が含まれた書面のようなものを当局に提出するか、もしくは山口組が再びひとつに統合される以外、事務所として使用するのは難しいのではないでしょうか」

それどころか、より厳しく組員たちの活動を規制できる「特定抗争指定暴力団」に指定することまで視野に入れているのではないかと、この専門家はみている。

「大きなターニングポイントになるのは、六代目山口組の高山清司若頭の出所です。現に、18日に予定されている高山若頭の出所が迫り、対立が激しくなっていたのは確かです。六代目山口組サイドからすれば、分裂した神戸山口組や任侠山口組の存続を許容することなどできない状態。神戸山口組にしても、六代目山口組との対立がさらに悪化した今、歩み寄るとは考えにくい。高山若頭の影響力は凄まじいものがあります。現在の状況を踏まえて、なんらかの大きな判断が、高山若頭が戻ったあとに下される可能性もあります。それが、抗争の激化と当局に捉えられれば、特定抗争指定をかけるでしょう。それでなくとも、出所を前に分裂騒動に終止符を打つべく、各組織が動き出すことも考えられていたわけで、いつ当局がより強い規制をかけたとしてもおかしくありません」（犯罪事情に詳しい専門家）

六代目山口組の分裂は、髙山若頭の社会不在中に起きている。むしろ、不在中でなければ起きなかったとさえ言われ、それだけの影響力を持つ髙山若頭が出所してくるのだ。前出の専門家が指摘するように、当局が法的規制を駆使してでも、六代目山口組、神戸山口組の両組織の対立を封じ込める動きを見せたとしてもおかしくない。任俠山口組も含めて、分裂騒動は三つ巴の戦いといわれてきたが、そこに警察当局が強大な権力を振るって介入したことによって、事態は大きく動こうとしている。

【コラム】 俠の肖像——①

山口組分裂を超越した人間模様（二代目大平組・中村天地朗組長）

～2018年2月16日

「日本一の親分の元で日本一の子分となる」

〝山口組の中興の祖〟である三代目山口組・田岡一雄組長時代にそう公言し、その言葉通りの極道人生をまっとうした初代山健組・山本健一組長。三代目山口組若頭として田岡組長を支え続けた山本組長の三十七回忌法要が、2月4日に執り行われた。

この日、山本組長が眠る住吉霊園（神戸市東灘区）を訪れたのは、神戸山口組組長で四代目山健組組長を兼任する井上邦雄組長を始め、山健組出身の神戸山口組舎弟、二代目松下組・岡本久男組長、そして四代目山健組最高幹部らであった。

さらに、井上組長自ら笑顔で出迎えていた人がいた。一昨年の六代目山口組の分裂より1年前に引退した元二代目大平組組長・中村天地朗親分だ。そう、筆者がかつて仕えていた親分である。

中村組長は、ことのほか山健組という組織を大事にしていた。さかのぼれば、山健組と大平組は安原会傘下から三代目山口組の直系組織へと昇格しており、言うなれば同じ安原会系一門となる。

現役時代から中村組長は初代山健組・山本組長の祥月命日になると、必ず神戸市花隈にある山健組本部へと線香をあげに訪れ、住吉霊園に墓参されていた。筆者もそれにお供することがあったが、中村組長という人は、それを決して他者に公言することはなかった。ただ帰りの車中は、いつも故人との思い出を振り返っているかのように、黙って目を瞑っていた姿を鮮明に覚えている。

ただ一度だけ、六代目山口組顧問だった初代西脇組・西脇和美組長の一周忌の帰り道に、著者に朗らかな口調で語られたことがあった。

その日は大雨のなかでの墓参だった――。

西脇組長の墓石に手を合わせる中村組長の後ろで、同じように筆者も頭を下げて合掌した、その帰り道。さっきまでの大雨が嘘のように上がり、雲の隙間から陽が差し込んだのだ。後部座席から車内に差し込む陽光に目を向けた中村組長は、眩しそうにしながら一言こう呟いた。

「沖田が墓参りに来たから、西脇の叔父貴も喜んで雨をやませてくれたんと違うか」

筆者は生前の西脇組長のお姿を見かけたことしかなく、実際には筆者のような枝の組員のことを知っているはずがない。それは中村組長なりの雨のなか、墓参へとお供した筆者への労いの言葉だったのだろう。

「ワシは引退した身。残った子らで話し合ってやったらええ」

中村組長引退後、一度は中村彰宏組長率いる大興會に引き継がれた大平組だが、2017年10月、三代目大平組として復活。同時に、三代目大平組は任侠山口組へと加入しており、神戸山口組、四代目山健組とは対峙するかたちになっている。一部では、その加入に際し先代である中村組長が許可したかのような噂が流れているが、筆者はこの加入劇に中村組長が一切、関係がないことを知っている。

中村組長は「もうワシは引退した身や。残った子らで話し合ってやったらええ」と、組織の方向性について一切口に出されなかったのだ。

中村組長なりの思うところはあっただろう。でも、多くを語ることはなかった。筆者には渡世から引退された人間のケジメとして映った。だからこそ、六代目山口組が分裂してからも、中村組長は六代目山口組、神戸山口組にかかわらず、両組に属する故人となられた親分衆への墓参は欠かさなかった。

1月27日の四代目山口組・竹中正久組長の命日前日には、決して目立たないように墓を訪れ、同じ日に三代目田岡一雄組長の墓参も行っている。そういった中村組長の姿勢を知っているからこそ、三十七回忌となった初代山健組・山本組長の法要に、神戸山口組・井上邦雄組長は、引退された中村組長を招いて笑顔で迎えられたのではないだろうか。

ただ黙々と故人の命日に墓参を続ける中村組長。筆者はその背中をずっと見てきた。そしていつしか筆者自身、亡き実父の墓参りをするようになり、今では毎月命日に墓参を欠かすことがなくなった。

六代目、神戸、任侠と3つに分かれた山口組であるが、山口組100年の歴史は決してそれだけで色分けできることばかりではない。さまざまな人間模様がそこに存在していると言えるのではないだろうか。

第2章

六代目山口組「指揮官復帰」

髙山清司若頭がついに出所する　〜2019年10月18日

2019年10月18日、ついに六代目山口組・髙山清司若頭が府中刑務所より社会復帰を果たした。

午前6時50分過ぎ、出所した髙山若頭を乗せた黒のアルファードは品川駅へと到着。待ち構えていた報道陣のシャッター音がいっせいに鳴り響き、テレビカメラがその姿を追った。

品川駅で出迎えたのは、六代目山口組若頭補佐の藤井英治・五代目國粹会会長と同じく若頭補佐の高木康男・六代目清水一家総長。府中刑務所から同乗した若頭補佐の三代目弘道会・竹内照明会長もともに降り立ち、3人の最高幹部に囲まれる形で、髙山若頭が悠然と歩みを進め、駅構内へと入っていった。

この日、筆者はAbemaTVのディレクターとカメラ2台とともに品川駅に赴いた。その場所でリポーターとして取材をしていたのだ。神戸市で起きた射殺事件の容疑者がマスコミを騙っていたため、報道関係者に対して警察による身元検査が行われるのではないかと事前に噂になっていた。確かに、それに類するほど、当局は規制線を張り巡らした。

だが実際、髙山若頭が品川駅に姿を表すと、周囲の緊張感は一気に払拭された。筆者は現場で、その空気を全身で感じた。殺伐とした雰囲気などなく、駅のホームでベンチに腰掛けて最高幹部らと言葉を交わす髙山若頭は笑みさえ浮かべるほどで、六代目山口組が分裂して緊迫状態にあるような雰囲気はなかったのだ。あるのは、圧倒的な存在感。それは、ただ髙山若頭がそこにいるだけで、周りの空気を一変させてしまう存在感だ。筆者が現役時代に〝公用の場〟で肌で感じたものとまったく同じであった。

その後、髙山若頭は、新幹線で名古屋駅へと向かった。前述のように山口組総本部が使用制限を受けており、本来ならば神戸市に向かって、帰りを待つ六代目山口組・司忍組長や直系組長らと再会を果たすはずだった。しかし、予定変更の影響など微塵も感じさせることなく、そこから名古屋市内にある三代目弘道会の関連施設へと入り、司組長との対面を果たしている。司組長の第一声は「変わっとらんな。元気そうじゃないか？」だったという。

佐々木一家とは、初代弘道会傘下から五代目山口組直系へと昇格を果たした菱心会が前身であり、さらにそれ以前にさかのぼると佐々木組となり、髙山若頭が渡世入りを果たした組織となる。

「そうした歴史と縁のある場所で、司組長と髙山若頭が対面を果たしたのだ。感慨深いものが感じられる。この両頭がそろったことは、六代目山口組分裂騒動にとって、大きなターニングポイントとなるのは間違いないだろう」（事情通）

六代目山口組の分裂騒動はどのような変貌を迎えるのか。髙山若頭の言動とともに山口組の動向に注目が集まることになる。

出所から2週間……知らしめられた存在感 ～2019年11月1日

髙山清司若頭が府中刑務所より帰還を果たして2週間が過ぎたが、その間、あらためてその存在感の大きさが、他団体の動向からも見て取れた。

出所後、わずか2週間足らずで、六代目山口組と友好関係にある12団体の首脳陣らが、髙山若頭の帰還を祝うために、全国各地から名古屋市内にいる髙山若頭の元へと訪問したのである。

「友好団体によるこうした訪問は、髙山若頭の出所前から予想されていたことでもありました。ですが、いざそれが現実のものになると、髙山若頭という人の存在感、影響力には際立ったものを感じます」（ジャーナリスト）

もちろん、そうした髙山若頭が放つ、カリスマ性ともいえる独特の存在感は、六代目山口組末端の組員にまで伝播しているという。

「髙山若頭が出所したことで、明らかに組員たちの動きが変わっている。ヤクザ独自の緊張感と言えばよいのか。司忍組長というトップが君臨し、そこに若頭という右腕が一線に復帰したことで、これまで以上の統率が取られているように見受けられる。本来の六代目山口組の姿に戻ったのではないか」（六代目山口組関係者）

六代目山口組内部からそうした声が聞こえる一方、そんな内部を揺さぶるような情報もＳＮＳ上で飛び交っている。

一例をあげれば、髙山若頭の収監中に山口組が分裂したことに対し、一部の幹部らがその責任を公の場で髙山若頭に追及されたというような主旨だ。だが実際は、あくまで歪曲されたニセ情報だと、ヤクザ事情に詳しいジャーナリストが指摘する。

「一部の週刊誌などでも報じられていますが、髙山若頭の出所翌日に開かれた宴席では、参加可能な全直参が出席しています。席上、髙山若頭から冗談が飛び出るほどだったようで、帰途に着く幹部らの表情も明るいものでした。ＳＮＳ上のニセ情報は、髙山若頭の復帰で士気が上がる六代目山口組内部を攪乱させるために何者かが意図的に流布した、言うならば怪文書のようなものではないでしょうか」

SNSがヤクザ社会にも浸透した分、誰でも簡単に情報を拡散しやすい状況となった。そのなかには，ニセ情報も実際に多い。以前のように、怪文書のような手の込んだものをつくる必要もない上、また拡散力も数段上がっている。ゆえにヤクザが情報戦を仕掛けるにあたって、SNSを使わない手はない。今回もそうしたケースだろうが、この一面にも如実に表れているように、高山若頭の戦線復帰が、他陣営でもそれだけ話題になり、脅威として捉えられているということだろう。

そうしたなかで現在、根強く噂されている話がある。それは、ある2人の組長の直系昇格の噂だ。2人のうち1人の組長については、以前よりそうした噂が囁かれていた。組織力からしてもプラチナ級と評価されてきた実力者だ。だが、問題はもう1人の組長だと関係者らは口を揃えている。

「なぜならば、もう1人の親分は、現在は神戸山口組系に所属している人物だからだ。一説には、六代目山口組側と神戸山口組側でなんらかの食い違いが出ていており、そうしたなか、この組長が六代目側への直参として移籍するのではないかという。真偽は不明だが、この噂が根強く囁かれているのは確かだ」（業界関係者）

もし現実になれば、そのインパクトは大きく、高山若頭の求心力を内外に誇示することとなるだろう。出所後、目まぐるしいほど、さまざまな動きが起きている。

ハロウィン中止で組員たちの心中は……　～２０１９年11月6日

社会的にもここ数年で、恒例行事としてすっかり定着したハロウィン。それは山口組にあっても同様であった。

８年ほど前、筆者の現役時代にはすでに、ハロウィン当日、神戸市灘区にある六代目山口組総本部では近隣住民の子どもたちにお菓子が配られていた。

近年では、ヤクザ全体を反社会的勢力と定義し、その最大勢力といわれる山口組組員から、お菓子をもらうのは不適切な行為であるとする声が大きくなってきた。だが、必ずしも現場がそういう声に包まれていたかといえば、そうではない。ハロウィンが近づくと、近隣住民の主婦が総本部までわざわざやってきて、「お菓子はいつ配るの？」と尋ねるということは、今でもあるようだ。

「六代目山口組サイドからすれば、そうした声が実際にある以上、世論の声云々ではなく、楽しみにしている子どもたちのために、お菓子を配り続けるという姿勢だったのではないでしょうか」（ヤクザ事情に詳しいジャーナリスト）

実際、山口組組員らにも、お菓子を配ることに関しては、ちょっとした悲喜こもごもがあった。

　毎年、ハロウィン当日に子どもたちへお菓子を配るのは、六代目山口組の幹部や慶弔委員の親分衆ほか、総本部へと部屋住みに入っている組員らだ。加えて、ガレージ当番と呼ばれる、二次団体による持ち回り制の当番についている組員らも手伝うことになる。

　ガレージ当番とは、総本部へと出入りする車両の出し入れの誘導や総本部の駐車場内の交通整理の役目を主とするのだが、これは全国の二次団体によって、24時間交代制で行われていた。筆者自身、時に責任者として、時に当番の1人として、幾度となくこの任に就いてきた。

　ガレージ当番の業務は、車両の出入りが激しい平日と、車両の出入りがほとんどない土日祝日では忙しさが極端に違う。特に行事ごと、例えば月に一度開催されていた定例会と重なれば、朝から走り回ることになった。その慌ただしさは、ハロウィン当日にガレージ当番にあたる組員らにとっても同様だったのだ。

　筆者は今でも、ハロウィンになると思い出す言葉がある。それはある年の阪神ブロックの若頭会でのこと。著者の所属する二次団体の若頭が社会不在を余儀なくされていたため、筆者が代理でその会合にたびたび出席していた。その際に談笑のなかで、目前に迫っていたハロウィンに話題が向いた。すると当時、六代目山口組の二次団体で若頭を務めていた幹部がこう話し出したのだ。

「ウチは2年連続、ハロウィンの日にガレージ当番に当たってるから大変やったで。子どもたちがやってきて『トリック・オア・トリート』と言うてきたら、『ハッピーハロウィン』て言いながらお菓子を渡したらなあかんのや。そんなんワシら初めて知ったがな」

言葉とは裏腹に、そう話す若頭の顔は笑みがあふれていたのだった。筆者は毎年、ハロウィンになるとその若頭の言葉を思い出す。子ども相手のお菓子配りは慣れないことであるし、それに付随する業務も増えるが、組員たちにとっては、代えがたい喜びややり甲斐があったのだろう。

そうした行事も、今年は10月11日に六代目山口組総本部が使用制限を受けたため、開催されなかった。例年ならお菓子が配られていたハロウィン当日の総本部前には今年、警察車両が横付けされ、付近の警戒にあたる警察官の姿しかなかった。その光景は現在の世論、つまりヤクザを反社会的勢力と位置づけ、弾圧し続ける社会の縮図と言えるのかもしれない。世論の声や時代の流れを鑑みれば、なるべくしてなったと言えるだろう。しかし、そうした光景に一抹の寂しさを覚えるのは、筆者だけだろうか。

またひとつ、地域に根ざしていた祭りの灯が消えたように思えてならない。

大物組長引退から改革が始まる　〜2019年11月18日

芸能業界に激震が走ったのは2011年のこと。吉本興業所属芸人として一世を風靡していた島田紳助氏が、暴力団関係者との交際を認め、突如、芸能界を引退することになったのだ。当時、その紳助氏と交流があったとされた暴力団関係者こそ、六代目山口組直系の極心連合会・橋本弘文会長であった。

橋本会長は、六代目山口組においては、実質的にナンバー4といわれるほどの実力者。その橋本会長が11月12日付で、引退することが発表されたのだ。

「10月の髙山若頭（六代目山口組・髙山清司若頭）の出所後から、橋本会長が引退するのではないかと噂になっていました。正式発表の数日前には、橋本会長はすでに引退したようだ、いやまだしていない、とさまざまな情報が業界内を錯綜していたのです。そうしたなか、12日付で正式に引退したことが発表されました。これも髙山若頭の出所後、矢継ぎ早に行われている山口組改革のひとつなのか、それとも髙山若頭が一線に復帰したことで、橋本会長が自ら肩の荷を下ろすことができると判断してのものなのかはわかりません」（ジャーナリスト）

確かに、橋本会長の引退と髙山若頭の出所は、なにかしらの関係があったと見るのが妥当だろう。一方で、現在、矢継ぎ早に行われている組織改革の一環という意味合いが大きいとの見方もできるのではないだろうか。例えば、時を同じくにして、六代目山口組の執行部では、それまで若頭補佐を務めていた二代目健心会・江口健治会長がその任を解かれ、六代目山口組の直系組長を降り、髙山若頭の舎弟となっている。

「一部では、それらを髙山若頭の独裁の始まりだとする声もあると聞くが、そうとは言えないのではないか。利己的な目的ではなく、髙山若頭だからこそやり遂げることが可能な山口組のための強烈な大改革といったほうが正しいだろう。それは将来の山口組を思ってのこと。山口組が分裂したことで、ある意味、ヤクザ業界内の秩序が大きく乱れることになった。そこで、あらためて内部を固めて、神戸山口組などの離脱勢力に対して、妥協は一切しないとプレッシャーをかけてみせているのではないか。どちらにしても、これをやり遂げることができるのは、髙山若頭しかいない」（業界関係者）

弘道会でも組織改革が……

さらに、そうした改革は、司忍・六代目山口組組長と髙山若頭を輩出した六代目山口組の中核組織である三代目弘道会でも行われていた。

弘道会といえば、その傘下である野内組に「2019年最大の大型移籍」ともいわれる大阪のビッグネーム・権太会が加入し、その結果ますます勢力を拡大させ続けていることは、前述した通りである。その野内組の野内正博組長が、三代目弘道会の若頭に就任したのである。

「野内組長は髙山若頭が創設した初代髙山組の出身で、初代髙山組では行動隊長を務め、常に最前線に立ち続け、髙山若頭からの信頼も厚いといわれている。今回、若頭に就任するにあたって、髙山若頭直々にこのような言葉があったのではないかといわれている。それは『プラチナ（六代目山口組の直参）に昇格させるつもりはない』というもの。つまりそれは、若頭として弘道会内部を頼んだぞ、という意味ではないか」（地元関係者）

その他にも三代目弘道会では、大幅な人事異動がいくつか行われている。なかでも特筆すべきは、先述した通り、これまで六代目山口組若頭補佐を務めていた二代目健心会・江口会長が直系組長を降りてまで髙山若頭の舎弟になり、同会長が率いた二代目健心会は、預かりという扱いながら、弘道会に加入したことだろう。

「漏れ伝わる話では、江口会長から髙山若頭に対して、今後はオヤジと呼ばせていただければよいでしょうか、という話があったというのです。つまり、江口会長が髙山若頭の子分になることを意味しますが、それに対して、髙山若頭は、兄貴でいいではないか、という旨を述べ、髙山若頭の舎弟になったという話が聞こえてきています。弟分になれるとは、江口会長にとっては名誉なこと。それは、髙山若頭の留守中も江口会長が組織のために汗をかいてきたからこその配慮ではないでしょうか」（地元メディア）

また、現在、神戸市灘区にある六代目山口組総本部が使用制限を受けているために、二次団体の親分衆による、持ち回り制の当番が名古屋市内の関連施設で始まったようだ。これは、この関連施設が暫定的に本部機能を持つことを意味するのだろう。

髙山若頭が出所してきて、まだ1カ月ほどだが、この間にも次々に断行される人事を中心とした組織改革。筆者は分裂当初から囁かれ続けてきた言葉を思い出さずにはいられない。「髙山若頭が収監されていなければ、六代目山口組の分裂は起きていなかった」という言葉だ。六代目山口組の組織改革は、今後も続いていくだろう。

【コラム】侠の肖像——②

プラチナ、そして父としての誇り（二代目小西一家・落合勇治総長）

～2018年4月6日

「15年も真面目に務めていれば、無期懲役でも仮釈放がもらえて社会へと復帰することができる」

かつては、そんなことが言われていた。実際、過去にはそんな時代もあったのだが、現在は有期刑の上限が20年から30年につり上がったこともあり、無期懲役は文字通りの終身刑といっても過言ではない状態となっている。

まず、誰しもが口にすることだが、30年間も留守を待つことのできる身元引受人がいないという現実がある。あくまで無期懲役の受刑者に許されるのは仮釈放であり、それには身元引受人が必須だ。たとえ社会へ復帰できたとしても、生涯「仮釈放中」の身分なのである。

近年、筆者が身近で知り得るケースでいえば、一昨年、大阪刑務所で30年余りの懲役を務めた人物が仮釈放され、社会へと復帰している。その際の身元引受人は、保護会という施設であった。

保護会は更生保護施設ともいい、身元引受人となる親族などがいない場合、申請が許可された人物の帰住地となる施設である。どこの保護会も、無期懲役囚の身元を引き受けるのは拒むと言われているが、その人物の場合は、ある保護会が身元を引き受けた。当時、その保護会で、この人物と寝食を共にした人は、このように話していた。

「30年の間に痴呆症が進行してしまっており、自分が何の罪で無期懲役となっていたかさえ覚えていなかった。そういう状態だったからこそ、無期懲役でも保護会が身元を引受けることになったのではないか」

現在の無期懲役囚とは、それほど社会への復帰が難しいといわれている。ましてや現役のヤクザの場合は、その対象からも除外されるのだ。

それでも六代目山口組直系組長（当時）の一人で、個人の損得を顧みず組織のために身を捧げることで、サムライと呼ばれている親分がいる。それが、二代目小西一家・落合勇治総長だ。

落合総長は、これまで組織のために2度もジギリ（抗争によって身体を賭けた結果、服役すること）を賭け、長期の社会不在を余儀なくされてきた。

そして、3度目となった「埼玉抗争（2008年、埼玉県内で二代目小西一家系幹部が住吉会系組員に刺殺されたことによって勃発した抗争事件）」では、報復として行われた住吉会系組員射殺事件の首謀者として逮捕・起訴され、最高裁で無期懲役が確定している。

その詳細は『サムライ』（徳間書店刊）に述べられているが、逮捕された2010年から落合総長は一貫して無罪を訴え続けていた。

落合総長の逮捕の決め手となったのは、元配下の組員らによる供述となるのだが、その元組員らですら、控訴審でこれまでの供述内容が偽りであったことを認めて、落合総長の関与を否定。これによって、控訴審判決では無罪が出ることも十分に考えられた。それを想定して、判決日には、六代目山口組最高幹部らが、釈放されるであろう落合総長を出迎えるために、勾留されていた東京拘置所前に姿を見せていたのだ。

だが司法の判断は覆ることのないまま、再び無期懲役が言い渡されたのであった。

そんな法廷闘争のなか、筆者が鮮明に覚えているのは、一審での論告求刑の際に証言台へと立った落合総長が述べた言葉だ。

「娘が私の無罪を信じて、社会で私の帰りを待ってくれている」

どんな着飾ったものよりも、その言葉は筆者の胸を激しく突いた。極道と言えども、人の親。娘さんが父の無罪を信じて待ってくれていることが、落合総長にとっては何よりの心の支えであり、無罪を主張し続ける動機であったのだろう。

紙面越しにその言葉を目にした時、筆者はまだ現役のヤクザで娘がいた。昔から、子は親にウソをつくものだが、親はどんな生き方をしていようとも、我が子にだけはウソをつかないと言われている。それは落合総長の生き様が物語っていた。

司忍組長の誕生日に届けられた祝電

過去2度の長期服役を経験した際には、落合総長は言い訳することなく、他に累《るい》が及ばないように自分自身で罪を被ってきている。それは、侠《おとこ》としての矜持《きょうじ》ゆえだろう。しかし、今回は自らの無罪を訴え続けた。愛娘にウソをついてまで、配下の組員が犯した、自分とは無関係の罪を被るような生き方を落合総長はできないのだ。

ただ一刻も早く社会へと出たいと思うならば、情状酌量を得るためにヤクザ社会から引退することもできたはずだ。が、落合総長は極道として、名誉ある六代目山口組直系組長として、裁判を戦い続けた。

そういった状況に対して、分裂前の六代目山口組では、直系の親分衆らが持ち回りで面会へ訪れ、落合総長を励まし続けていた。

そのなかには筆者が仕えていた親分もおり、親分が面会から帰ってきた際には、すぐに落合総長から面会の礼状が電報で届けられていた。それを本部事務所で受け取ったのは筆者だった。

親分が目を通されてから、私もそれを一読させていただいたが、そこには縦書きの毛筆体で、まさに意気軒昂な文章が綴られており、後ろ向きの言葉は皆無であった。

後年、筆者が「落合総長が法廷で述べた娘さんの話に胸を突かれた」ということをある人に話すと、その人は落合総長に面会した際に筆者の話を伝えたという。それを受けた落合総長は笑顔を浮かべて、「オレもたまに、いいこと言うんだよな」と朗らかに感想を漏らしたそうだ。

無実を訴え、不当な扱いを受けていると感じていながら、悲壮感など表に出すことが微塵もない落合総長。最高裁で無期懲役が確定した後にも、六代目山口組・司忍組長の誕生日に届けられた落合総長からの祝電には、このように綴られていたという。

「祝電　親分、お誕生日おめでとうございます（中略）私は身は離れていても、親分をはじめ本物の侠達とは心は固く繋がっておりますので、どこに独りで居ても心は温かで充実しております（中略）親分！来世も親分の子分にして下さい！」

そんな言葉を社会に残し、落合総長は、終わりの見えない下獄の途に着いたのであった。侠として、サムライとして、過去を振り返ることなく……。

実質的な終身刑を受け入れる覚悟で、現役の極道のまま岐阜刑務所に落合総長は服役している。

落合総長が首謀者として逮捕された埼玉抗争では、二代目小西一家だけで、四十数名の組幹部らが逮捕されており、同一家で若頭を務めた二代目堀政連合・小濱秀治会長も最高裁で無期懲役が確定している。ただ無期懲役が確定した現在も、その主張は一貫して変わることなく、確定した判決の取り消しを求めて、弁護団によって再審請求の用意が始まっているという。

新たな直参の誕生

小西一家といえば、初代である小西音松総長が創設した組織で、三代目山口組時代からの名門組織。そして、落合総長や小濱若頭が社会不在を余儀なくされていることから、二代目小西一家を守り続けていたのが、小牧利之総長代行だったのだ。

「落合総長が埼玉抗争で逮捕されてから、本家の定例会にも、総長の代理で小牧代行が出席されていた。小牧代行は大阪を拠点にしており、昔気質の極道として知られる人物」（六代目山口組系幹部）

その小牧総長代行が7月5日、三代目小西一家の総長に就任したという。それと同時に落合総長は、三代目小西一家の総裁に就任したというのだ。

「これは落合総長の意志に沿ったもの。落合総長が下獄する際、仮に（小濱）若頭が無罪で釈放されれば、若頭に代を譲る予定だったと聞いている。しかし若頭も最高裁の判決で無期懲役になってしまった。その時は小西一家の伝統を残すために、社会にいる（小牧）代行に譲ると落合総長が決められていたようだ。その意向を六代目山口組サイドが汲んで、三代目に代替わりしたという話だ。六代目山口組では、小西一家の伝統と落合総長の意志を重んじている証ではないか」（地元関係者）

これに合わせて、落合総長は当代を小牧総長代行に譲って名誉職の総裁に就任。小濱若頭は同じく名誉職の最高顧問に就任にしたのだ。直系組織での代目継承にあたっての総裁制の導入は、六代目山口組の中核組織である弘道会以来のことで、それだけ特別な措置といえるだろう。

それはすべて組織のために身体を張った落合総長の意向を尊重し、六代目山口組上層部が動いたということである。

現在、六代目山口組は分裂状態にあり、二次団体（直系組織）を統合させるなどして、地域強化をはかる試みを取り入れている。総裁を置くことでツートップ体制を可能にした今回の落合新総裁の意向は、そうした新しい試みにも影響を及ぼしていくのかもしれない。

———

第3章

流血の惨事

神戸山口組幹部を連続襲撃 ～2019年11月26日

六代目山口組が大きく動き始めた。高山清司若頭の出所後、信賞必罰とも見てとれる人事を中心とした組織改革が断行される一方、対立する神戸山口組の二次団体組長が、立て続けに襲われるという事件が起きたのである。

まずは11月18日。熊本県に本拠地を置く、神戸山口組幹部である四代目大門会の清崎達也会長が、自ら率いる同会本部で道路工事の作業員に扮した2人組に刃物で切りつけられるという事件が起きた。清崎会長は軽傷だったのだが、犯人らは腹部を狙ったと見られていることから、殺意をもっての犯行だった可能性が高い。事件後すぐに熊本中央警察署に出頭したのは、六代目山口組舎弟頭の青山千尋組長率いる二代目伊豆組傘下、二代目池組幹部らであった。

六代目山口組と神戸山口組の間で次に何か事件が起きれば、両組織に対しては、すでに実行されている総本部などの使用制限に加えて、「特定抗争指定暴力団」へ指定される恐れがある言われていた。公安委員会によって、この指定を受けると警戒区域が設けられる。その区域内の組事務所の使用が禁じられるだけでなく、組員が5人以上集まったり、対立組織の事務所に近づいたりしただけで逮捕されるなど、当局の取り締まりがより厳しくなる。そんななかでの犯行だけに俄然、業界関係者らの注目は九州へと集まることになった。だが、次なる事件は思わぬところで起こったのであった。

翌19日、まだ清崎会長襲撃事件の余韻が覚めやらぬなかで、札幌市北区に本拠地を置く神戸山口組幹部である五龍会・青木和重会長の本部兼自宅に乗用車が突っ込み、車から出てきた犯人によって、窓ガラスなどが叩き割られる事件が起きたのだ。その場で取り押さえられたのは、六代目山口組の中核組織、三代目弘道会傘下の福島連合組員であった。

「立て続けに起きた事件は、明らかに神戸山口組直系組長のなかでも幹部を狙っての犯行だ。８月以降、両組織の衝突が激しさを増し、次は特定抗争指定暴力団にされるのではないかとも噂されるなかで、事件が起きたからには、六代目山口組として神戸山口組に徹底的にプレッシャーをかけて、分裂状態を終わらせるという強い意思の表れでしょう。分裂騒動が収まって、抗争が終結すれば、どんな当局の規制であっても解除される。実際の狙いはそこにあるのではないか」（業界関係者）

もちろん、ことの真相の判別はつけようがない。だが、高山若頭の出所後、１カ月半にも満たない期間で、六代目山口組が大きな変貌を遂げているのは間違いないだろう。長年ヤクザを取材してきたジャーナリストはこう話す。

「六代目山口組の司忍組長は、いわば山口組の象徴的存在です。トップに君臨すれど、政（まつりごと）にはかかわらず、統治は若頭をはじめとした執行部で行われてきたわけです。そうしたなかで、若頭の髙山さんが収監され、山口組は分裂の事態を招くことになりました。その髙山若頭が社会復帰を果たし、一線へと復帰した。最初に着手したのが、人事などの組織改革でした。それは山口組最高指揮官ともいわれる髙山若頭の、自身が留守中に起こった分裂騒動に対する信賞必罰の人事だったのではないでしょうか。そうすることで、六代目山口組内部の意識が『このままではまずいんだ』と大きく変わったように思えてなりません」

例年、六代目山口組では12月13日に開催される事始め式当日に、その年、直参へと昇格を果たした組長らが司組長から盃をおろされる盃事が行われていた。それが総本部の使用制限をかけられたことから、例年より早く、違う場所で盃事が執り行われるのではないかという話も出ている。

改革を伴う内部の締め付けのみならず、対立組織にも徹底した姿勢を見せ始めた六代目山口組。今後、この流れはどこまで加速するのか。一層の注目が集まっている。

古川恵一幹部射殺事件　～2019年11月29日

忘れてはならないことがあった。2015年に日本最大の暴力団・山口組が分裂し、今もなお、その状態が続いているということだ。100年以上も続く歴史を紐解くまでもなく、山口組が分裂状態にあるということは、いつ何が起きてもおかしくないことを意味する。そして、世間がそうした認識をあらためて持たざるを得ない事件が起きてしまった。六代目山口組と対立する、神戸山口組の古川恵一幹部が、兵庫県尼崎市の繁華街で銃殺されたのである。

11月27日。その日、名古屋市内では、六代目山口組の盃事（さかずきこと）が執り行われていた。新たに直参昇格を果たした親分衆が、司忍組長から親子の盃をおろされたのだ。本来なら、その年、新直参との盃儀式は、事始めの日、つまり12月13日に執り行われる。だが、今年は例年この儀式を行ってきた神戸市灘区の六代目山口組総本部が使用禁止の制限を受けていることから、場所を変え、名古屋市内の関連事務所で通常よりも早い時期に執り行われることになったのだ。

その関連施設に全国から集結した親分衆の表情は、厳粛した空気のなかにあっても柔らかく、滞りなく儀式が終わると親分衆は開催場所となった名古屋を後にしたのだった。そこには、のちに起こる射殺事件の前兆など微塵もなかった。だが、その時すでに尼崎市にはマシンガンなどで武装した元六代目山口組系組員が潜伏していたのである。

銃撃事件発生後、数分後には筆者の携帯電話が鳴り響いていた。たまたま、近くの商店街で買い物をしていた知人からだった。おそらく、古川幹部が射殺されたことを知ったのは誰よりも早かっただろう。

「ものすごい音の銃声が立て続けに10回以上聞こえたので、見に行ったら古川さんの店の前だった。すぐに救急車やパトカーが到着したけど、古川さんは布を被せられて、現場に横たわったまま救急隊員も運ぼうとしてないです」

その言葉に、すでに息を引き取ったことを察知した。本来なら、すぐにでも病院へと搬送すべきところ、それをしないということは、命が助かる見込みはなく、現場保存が優先されたということだろう。その数分後から、筆者の携帯電話が立て続けに鳴り続けることになる。

昨年も立て続けに襲われた

この年の9月頃のことだ。古川幹部が渡世から引退するのではないかという噂が立っていた。その後、年内限りで引退するのではないかという内容に変わり、同時に筆者は違う筋から、次のような話を耳にしていた。現場となった居酒屋を年内で閉めて、移転先の物件を探しているというのだ。前記した通り、今回の事件は古川幹部の店の前で起きた。正確には、古川幹部の息子が経営する居酒屋である。

移転の理由のひとつとして考えられるのは、古川幹部の息子が経営する居酒屋は、六代目山口組サイドに、あまりにも知られ過ぎていたこともあっただろう。この店は、古川幹部の自宅から歩いて5分ほどの場所にあり、本人にとっては確かに便利ではあった。一部では阪神尼崎の繁華街や商店街に面しており、賑わいを見せている場所のように報道されていたが、実際は違う。商店街の中心部より一本路地に入っており、死角になりやすい立地だった。だからこそ、古川幹部は同じ場所で六代目サイドから、昨年3月と今年7月の2度にわたって襲撃を受けたのである。

それだけではない。まだ古川幹部が率いる二代目古川組が六代目山口組傘下にあった時、陣中見舞いへと訪れた六代目山口組最高幹部らを招いた際にもその店を利用している。その後、神戸山口組へと移籍し、しばらく経った頃に別の事件で六代目山口組傘下の組員が逮捕された時には、その所持品からその店の場所を書き記した地図のメモ書きが見つかったこともあったのだ。

今回の射殺事件に関する予兆もあった。熊本と札幌で神戸山口組幹部が2人続けて狙われる事件が起きていた。

「狙いやすさ」という意味では、頻繁に現れる場所が特定されているという事情も含めて、古川幹部がターゲットにされても、なんらおかしくはなかったのだ。

一連の流れから見て、六代目山口組は分裂騒動に一気に決着をつける動きを見せていると言ってもいいだろう。仮に分裂騒動に終止符を打つために最終的な話し合いの場が設けられるにしても、その話し合いを優位に進めるには、絶対的な暴力という交渉カードが必要とされる。そのための「準備期間」が、今なのかもしれない。

「特定抗争指定暴力団」への対策

警察当局やメディアなど、一般社会側の認識としても誤算があったのではないか。それは、今年の夏以降、両組織の傘下組織間では抗争事件が相次ぎ、当局は主要組事務所の使用制限に乗り出した。そんななか、これ以上何かが起きれば、六代目山口組も神戸山口組も「特定抗争指定暴力団」に指定される恐れがあるので、お互い派手な抗争はしないはずだという認識だ。だが、そこには大きな誤りがある。

つまり、ヤクザ業界全体は、「特定抗争指定暴力団」とされることをさほど恐れていないということだ。確かに、指定を受けることで組員への活動制限はより厳しくなるが、研究のうえ対策は練られてきた。そこから導き出されたのは、抗争さえ終われば指定は解除されるというものだ。前例として、九州では「特定抗争指定暴力団」に指定された２つの組織があったが、抗争終結により、その指定は解除されている。つまり、抗争が激化しても、それで分裂状態が解消すればいいという考えがあるのだろう。ちなみに、ヤクザ業界で本当に恐れられているのは、「特定抗争指定暴力団」ではなく、「特定危険指定暴力団」に指定されることだ。これは、一般人に繰り返し危害を及ぼすおそれのある組織に適用されるが、指定された組織は極端にシノギなどの活動をしにくくなる。しかも、相手が堅気である以上、相手を打ちのめすことはできず、究極的にはヤクザ組織に勝ち目はないのが実状だ。

そうした状況から鑑みても、今回の古川幹部射殺は「起きるわけがない事件」とは言えない状況だったのだ。

六代目山口組がこうした過激な動きを見せ始めたのは、髙山清司若頭の出所後からとなるだろう。やはりカリスマが社会に復帰しただけで、六代目山口組の士気は大きく上がるのだ。今後もこうした流れに拍車がかかる可能性は十分にあり得る。どれだけ時代が変わっても、山口組が分裂している現在の状況は、常に緊急事態であり、いつ何が起きてもおかしくないのだ。

この年の2月、筆者がすでに引退された親分と阪神尼崎で飲食をともにしたあと、夜が更けた時分にたまたま古川幹部の自宅前を通った。その時にちょうど自宅マンションから、古川幹部が1人で出てきたのだった。その際、「息子の店に晩飯を食べ行く」となごやかに話しながら、暗がりへと歩いていった。その後ろ姿が、筆者が見た古川幹部の最期の姿となってしまった。

7回目の五代目山口組組長の命日 ～2019年12月3日

古川恵一幹部が六代目山口組系の元組員に射殺されて3日後となった11月30日の夜。兵庫県尼崎市内の斎場には、神戸山口組・井上邦雄組長や同組の首脳陣と友好関係にある他団体トップらが姿を見せていた。

その斎場で古川幹部の通夜が営まれていた。17時からは業界関係者を対象に、19時からは故人と親交のあった一般の人々を対象にと、二部制という形で粛々と執り行われた。そして、翌12月1日には告別式が行われ、多くの参列者が古川幹部を盛大に見送ったのだ。「警察当局も、万が一の事態を考えてのことだろう。通夜も告別式も周辺は相当な厳戒態勢を敷いていた。近くの小学校を機動隊員らの待機場所にしていたようだ」（地元関係者）

確かに、斎場近くに足を運んだ筆者が知り得る限りでも、覆面車両や私服警官らが斎場近くを警戒にあたっている姿が目立っていた。現在の状況を当局が非常事態と捉えてのことだろう。結果、両日ともにトラブルが起きることはなかったが、業界関係者も当局側も、このままで終わるはずがないと考えていたはずだ。

筆者も同様の思いを抱きつつ、7年前のある日のことを思い出していた。古川幹部の葬儀が営まれた12月1日は、五代目山口組・渡辺芳則組長の7回目の命日でもあった。

2012年12月1日、著者はガレージ当番のため、神戸市灘区にある六代目山口組総本部に泊まり込んでいた。通常、土日祝日は、近隣住民に対する配慮からも行事などは執り行わず、総本部へと出入りする車両は極めて少ない。この日も土曜日ということもあって、総本部内にはゆったりとした時間が流れていた。それが突如、最高幹部が乗る車両が総本部内に入ったのを皮切りに、施設内が慌ただしくなったのであった。

筆者は、奥の部屋のモニターで車の出入りを見ながら、大事が起きたことを瞬時に察することができた。すると、携帯電話が鳴った。筆者が所属した組織の親分からであった。

「まだ、ほかの者に言うなよ。五代目の親分が亡くなられた。総本部から帰ってきたら、喪服に着替えて身体を空けておいてくれ」

2005年に引退されていた五代目・渡辺組長は71歳で人生の幕を閉じた。通夜に参列できたのは、プラチナと呼ばれる直系の親分衆と、五代目・渡辺組長の出身母体となる山健組の執行部、幹部、古参組長らだった。そして直系組長には、ひとりの付き人が同行を許された。また翌日に行われた告別式は親族や山健組のみで、山口組会館で執り行われた。

そのため通夜には、司忍・六代目組長を筆頭に出席可能な全直系組長、そして初代岸本組・岸本才三組長、芳菱会・瀧澤孝総長といったすでに引退されていた親分衆、さらに他団体からは、清田次郎・稲川会会長（現総裁）や内堀和也・稲川会理事長（現会長）が弔問に訪れていた。

筆者は所属する親分のお付きとして斎場に向かったが、奇しくも今回射殺された古川幹部の車に同乗し、山口組会館に入ったのであった。

今でもその時のことは鮮明に覚えている。筆者ら付き人の組員らが式場の前の廊下に整列し、弔問客を迎えていたのだが、その時、山口組会館の上から降りてきた髙山清司若頭らの存在感は強烈なものがあった。髙山若頭が姿を現すと、式場全体の空気が一変したのを肌で覚えている。それは、先月10月18日、髙山若頭が府中刑務所から出所してきて、品川駅で感じた空気とまったく同じであった。

渡辺組長のお通夜では、最後方の列に2つ空席ができ、たまたま筆者がその席に座らせてもらえた。おかげで山口組五代目・渡辺組長の眠られる棺に合掌し、焼香させてもらうことができた。筆者が渡辺組長のお姿を見たのは、これが最初で最後であった。

あれから歳月が流れた。その間に、髙山若頭の収監があり、六代目山口組が分裂。神戸山口組が誕生し、その後、任侠山口組が誕生しようとは、誰が想像することができただろうか。そして、髙山若頭の出所。その後に続く、神戸山口組幹部たちへの襲撃、古川幹部の銃殺……渡辺組長の逝去から7年の月日を経て、山口組が再び大きく動き始めている。

山健組組長自らがヒットマンに？　～2019年12月7日

1989年から2005年まで続いた五代目山口組時代、「山健にあらざれば山口にあらず」とまでいわれたほどの大組織は、六代目山口組から袂を分かった神戸山口組のなかにあっても、最大勢力として存在し続けていた。

その山健組のトップ、五代目にあたる中田浩司組長が今年8月、神戸市中央区で三代目弘道会系組員が銃撃された事件の実行犯として、12月3日夜に逮捕された。逮捕容疑は、殺人未遂と銃刀法違反。配下の組員に銃撃を教唆したのではなく、自らが小型バイクを運転し、弘道会系組員の命を狙ったという容疑なのだ。山健組はいまだに神戸山口組の中核組織である。その組長が自ら発砲するなど、これまでの山口組の歴史では考えられなかったことだ。

だが、確かに8月の銃撃事件以降、中田組長の消息が取り沙汰されたことがあった。事件が起きたのは、8月21日。翌日は、神戸山口組の井上邦雄組長の誕生日祝いがあったために、中田組長の姿も例年と変わらず、神戸市中央区花隈にある山健組本部にあった。同月26日に行われた夏休み明けの顔合わせにも、中田組長の姿が確認されている。しかし、中田組長の消息が取り沙汰されたのは、そこからである。

9月の神戸山口組の定例会を欠席すると、自らが率いる五代目山健組の会合も欠席。一説には、ケガをして入院しているのではないかと囁かれていたのだ。そのケガの理由についても、さまざまな憶測を呼んでいた。

そんな中田組長が次に姿を見せたのは、10月10日に弘道会系組員に射殺された山健組系組員2名の葬儀の時であったといわれている。

さらに、最後に公の場に姿を見せたのは、神戸山口組・古川恵一幹部が射殺された前日の11月26日。山健組関連事務所で執り行われた盃事の日であり、その直後の古川幹部の葬儀には姿を見せていない。すでにこの時には、事実かどうかは別として、中田組長は捜査の手が自分に近づいていたと察知していたのではないだろうか。

「今年に入って、中田組長は山健組の定例会で『六代目山口組には戻ることはない』といった趣旨の発言をしていたといわれている。そうしたなかで起きたのが、山健組若頭刺傷事件だ。だからといって、その報復で山健組組長自らが、弘道会系組員を発砲するとは、とてもじゃないが考えられない」（業界関係者）

それは神戸山口組の内部にあっても同様だったのではないだろうか。中田組長の逮捕を受けて、神戸山口組は傘下組織の二代目西脇組で緊急会合を開催させている。

「本当に中田組長が実行犯なのかどうか、神戸山口組内部でも話し合われたのでは……。それくらい、中田組長の逮捕は、神戸山口組内でも衝撃だったはず。今後の捜査の見通しや対応策も検討されたはずだ」（捜査関係者）

今から7～8年前。筆者が所属していた組織の本部事務所に、当時、山健組傘下の五代目健竜会会長だった中田組長が、配下の組員を従えて、筆者の親分を訪ねてきたことがあった。その時の貫禄は相当なもので、ゆくゆくは山健組のトップに立つ人物ということが、うかがい知ることができるほどであった。果たして、それほどの大物が、自ら拳銃を握って、いち組員に対して発砲することなど本当にあるのだろうか。

仮にそれが事実であったとするのなら、何を意味するのか。現在、業界関係者の間で、今後の捜査の進展に注目が集まっている。

「年末行事」開催を前倒しした意味 ～2019年12月12日

六代目山口組・高山清司若頭の出所後、同組織内では信賞必罰ともいえる組織改革が断行され、それから間髪入れず、神戸山口組幹部への襲撃事件が相次いだ。その騒動がまだ冷めやらぬなかで、12月3日には山健組・中田浩司組長のまさかの逮捕があり、大波乱の令和最初の師走を迎えた。今度は、六代目山口組が年末恒例の公式行事を例年より早めて開催させたのである。

まずは12月8日、山口組の親分衆や三代目弘道会組員による餅つきがはやばやと執り行われた。例年、餅つき大会は、年の瀬も押し迫った12月28日に神戸市灘区にある六代目山口組総本部で行われてきたのだが、同総本部の使用制限などを受けて、通常よりも20日も早いこの日に、名古屋市内の弘道会関連事務所で開催された。

さらに、11日には同関連施設にて、これも通常より2日早く、一年を締めくくる行事である納会が開催されたのだ。ちなみに、総本部使用制限後、会合などが開かれてきた同市内の施設とは別の場所で行われている。

これまでは、12月13日に事始め式（盃事や新年を祝う儀式）、もしくは納会が行われ、その際には、新年度の山口組住所録やカレンダーが配られてきた。だが、今回の納会では、帰途につく親分衆の手に黒い箱が抱えられていたという。

「黒い箱には、荒巻鮭がまるまる一匹入っていたようだ。相当、豪華なものだったらしい。納会に出席した親分衆らは白ネクタイに礼服を着用していたことを見ても、一年間を終えられたことへのお祝いの意味合いが込められた会合ということではないか」（捜査関係者）

また、この日に発表された六代目山口組令和2年の組指針は、4年連続となる「和親合一」であった。これは山口組綱領にも書かれている、組織の団結を訴えた重要な言葉だ。分裂騒動勃発後、組織の団結という点を最も大事にしていることが見て取れるだろう。

しかし、なぜ六代目山口組は公式行事を例年より早く執り行ったのか。それはいよいよ、警察当局により本格化し始めた「特定抗争指定暴力団」への指定に向けた動きへの対応策ではないかと、法律に詳しい専門家は見ている。

「現在のところ、六代目山口組と神戸山口組を『特定抗争指定暴力団』に指定するための意見聴取が、12月20日あたりから始まるのではないかと見られており、2020年の年明け早々にも官報に公示されると言われています。そうなれば、事実上、公式的な行事を執り行うどころか、組員が集まることもできない。その時期が早まる可能性も想定して、六代目山口組では例年よりも先に公式行事を終えたのではないでしょうか」

六代目山口組と神戸山口組が「特定抗争指定暴力団」の対象になるのではないかと囁かれ始めた頃、すでに六代目山口組首脳陣らでは、その対処法が練られているといわれたことがあった。より厳しくなる規制のなかでも活動するための方策も考えられているだろうが、先にも触れた通り、「抗争状態を終わらせる」ことこそ、指定解除のための特効薬となる。

果たして、「特定抗争指定暴力団」への指定が、現在も続いている山口組分裂の大きな節目となっていくのだろうか。ただ言えることは、これまで続いてきたヤクザの在り方が、大きな変貌期を迎えようとしているということではないだろうか。

重鎮組長が突如引退 ～2019年12月17日

六代目山口組が例年より２日早く納会を開催させたのち、必然的に注目が集まったのが神戸山口組の納会である。

ここに来て、続けざまに神戸山口組幹部たちへの襲撃事件が勃発、さらに同組・古川恵一幹部が射殺され、中核組織である五代目山健組・中田浩司組長が殺人未遂容疑で逮捕されたように、神戸山口組を取り巻く状況は順風とはいえなかった。

そうした背景からも、業界関係者の間では「今年は、納会を中止するのではないか」とする声もあったが、例年通り12月13日に二次団体である二代目西脇組本部で納会を開催したのだ。

「六代目山口組サイドからの猛攻。当局からの弾圧。神戸山口組は大きく揺れ動いている印象が強かった。だからこそ、そうしたイメージを払拭するためにも納会を開催して、世間に対しても存在感を示す必要があったのではないか」（業界関係者）

それを裏付けるかのように、西脇組本部前には、いつもに増してマスコミ関係者や警戒にあたる捜査員が多く詰めかけた。そして、続々と納会に結集する直系組長たちは神戸山口組の健在ぶりを知らしめるには十分であったはずだった。

ところが、その開催前に業界内で波紋を呼ぶ事態が発生するのである。

その事態とは、同組で舎弟頭補佐を務める太田興業・太田守正組長が、西脇組本部に入ったかと思えば、神戸山口組・井上邦雄組長の到着を待たずに、同本部を後にしたのだ。

太田興業といえば、五代目山口組時代にいち早く東京へと進出。全盛期には組員数800人を超えるといわれた組織だ。太田組長はその後、一度は引退するも、神戸山口組の発足に合わせて現役復帰するなど、同組織のなかでも重鎮と呼べる存在であった。

そんな太田組長の退出に、ざわつく報道陣。もしかすると、前日に六代目山口組サイドから漏れ伝わってきた噂は事実であったのかと色めき立ち始めたのだ。

その噂とは、太田組長が引退、そして太田興業が解散するというものであった。

各方面の情報から判断すると、太田組長は西脇組本部を後にすると、その日のうちに大阪府警へと出向き、自身の引退と太田興業の解散届を提出したようである。さらに、そのタイミングと合わせるかのように、六代目山口組から通達が出されたのだった。その内容を要約すると、太田興業は解散し、太田組長は引退したので、彼らには手出しをしてはならないというものであった。数々の疑問が渦巻くなか、ある業界関係者はこのように話した。

「タイミングから見ても、六代目山口組サイドから、今なら身の安全を保障するので引退せよと迫られたと見るのが妥当ではないか。そもそも六代目山口組サイドには、自分たちが『特定抗争指定暴力団』に指定されても構わない。むしろ、そのほうが分裂騒動を終焉させられるという考えがあるのではないかという話があった。そのために、最近は神戸山口組サイドへの攻撃を活発化させ、結果、『特定抗争指定暴力団』に指定されることがほぼ確実になった。このことが、結果として神戸山口組へ無言の圧力になっている。その圧力とは、特定抗争の指定を受けると、組員が５人以上集まることができないなどの規制を受けることになるので、必然的に親分衆の護衛が手薄になるというもの。六代目山口組サイドには、暴力をいつ行使してもおかしくないイメージがすでにできあがっており、身辺に危機感を抱く神戸山口組関係者も少なくないはず。そうしたものが、今回の太田興業の解散、六代目山口組サイドからの通達に繋がっているのではないか」

一方で、別の見方をするヤクザ事情に詳しいジャーナリストもいる。

「『特定抗争指定暴力団』に指定されると、当局の規制や監視も厳しくなり、今までのように活動はできません。そのため、動きやすいように、地下に潜る必要が生じてきているはずです。太田興業の解散、太田組長の引退も、規制逃れのカモフラージュという可能性があるのではないでしょうか」

さまざまな憶測を呼ぶ太田組長の引退と、太田興業の解散。ちょうど1年前、太田興業の年末の会合の様子を写した動画がＳＮＳで拡散され、組織としての意気軒昂ぶりを知らしめた。それから1年後、このようになることを誰が想像できただろうか。

太田組長はその後、神戸山口組からなんらかの処分を受けたという。

神戸山口組が掲げた「不易流行」〜2019年12月18日

その直前に太田興業が解散することが決定し、その激震のなかで神戸山口組は予定通り納会を開催してみせた。

そこで発表された神戸山口組の令和2年度の組指針は「不易流行」。意味するところは、いつまでも変化しない本質的なものを忘れないなかにも、新しい変化を重ねているものを取り入れていくこと……とのことだが、現在のヤクザ業界を取り巻く環境に見合った指針と言えるのではないだろうか。

一方で、ここのところ沈黙を守り続けていた任侠山口組も、12月13日に同組執行部が秘密裏ともいえる会合を奈良県内で開催、組指針を発表している。

「任侠山口組は、早い段階で納会も事始め式もやらないと見られていた。同組若頭の池田幸治組長（四代目真鍋組組長）が12月下旬に出所してくる。それまでは、沈黙を守り続けるのではないかと。だが、同組最高幹部らが奈良県内で会合を開いたのに続き、年内にブ

ロック会議を開催するという話だ」（捜査関係者）
そこで発表された組指針は、「残心侠道」。心途切れることなく、任侠道を歩んでいこう……といった意味合いが含まれているという。
そして、その翌日、神戸山口組の中核組織である五代目山健組が神戸市内の関連事務所で会合を開催した。
「12月3日に中田組長が逮捕され、現在、トップ不在となった山健組ですが、組長が帰ってくるまで組を守るべく団結力を高めているようです。確かに最近の神戸山口組は、立て続けに幹部が襲撃されたり、古川幹部が射殺されたりしたので、劣勢のイメージがあるかもしれません。それでも天下の山健組。威勢は衰えてはいないと聞きます。そんな山健組の来年の組指針は『敢為邁往《かんいまいおう》』。目的に向かって困難をものともせず自ら思い切って、まっしぐらに進んでいくという意味とのことです」（ジャーナリスト）
確かに、山健組は以前からの勢力を保持したまま現在も存在している。そして神戸山口組としても、六代目山口組サイドに対して報復をしないのかというと、決してそうではないと思える事件も、起きようとしていた。
それは、つい先日のこと。神戸山口組傘下の四代目大門会本部事務所に、熊本県警が殺人予備の疑いで家宅捜索に入ったというのだ。四代目大門会といえば、11月18日に清崎達也会長が、工事作業員を装った六代目山口組傘下である二代目伊豆組系組員らに刃物で切りつけられるという事件が起きたばかりだった。

「この事件後、県警では四代目大門会が報復に動かないかと警戒にあたっていたというのです。その警戒中に110番通報があり、軽トラックか何かで小型バイクを運ぼうとした大門会の関係者が、県警に逮捕された。それが報復のための準備だったという疑いが出てきたため、殺人予備容疑で家宅捜索したのではないかと噂になっていました」(地元紙記者)

その後、清崎会長は、12月13日の納会を体調不良を理由に欠席しており、姿を見せてはいない。清崎会長の現在の状況については、さまざまな憶測が流れている状況だ。

さらに、12月16日には山健組系組員が六代目山口組系組員を襲撃する事件も起きたのだ。

年末に起きた報復事件 ~2019年12月19日

神戸山口組の屋台骨を担う組織といえば、五代目山健組である。殺人未遂容疑などで逮捕された中田組長が不在のなか、掲げられた新年度組指針は、前述の通り「敢為邁往」であり、目的に向かって困難をものともせず自ら思い切って、まっしぐらに進んで行くことを意味する。

それは、六代目山口組サイドからの猛攻、当局からの徹底した取り締まりがあっても、自分たちはなおも戦い続けるという意志の表れだったのかもしれない。

12月16日、六代目山口組の中核組織、三代目弘道会系三代目米川組の幹部組員が、同組事務所付近のパーキングで精算中のところ、背後から山健組系六代目健竜会の吉武徹弥組員が刃物を持って襲い掛かったのだ。

「ただし、襲い掛かった際、その刃物が折れてしまい、幹部組員が防戦。揉み合いになっているところ、後からすぐに来た米川組組員2人などに吉武容疑者は取り押さえられたようです。その際の映像はSNSなどで，すぐさま拡散され、一部のメディアで流されました。襲撃は未遂に終わり、幸いにも大きな被害を生みませんでした」(報道関係者)

確かにこの事件は未遂に終わった。だが、神戸山口組、とりわけ山健組はまだ諦めていないという意思表示にはなっただろう。

事態はそこからさらに緊迫化するのである。なぜならば、事件後すぐに同じ界隈にある飲食店に乗用車が突っ込んだからである。

「偶然にしてはできすぎている。同時襲撃を狙っての犯行ではないかと緊張が走りました。米川組幹部組員が襲撃されたのは19時半ごろで、通行人の女性から、車が店に突っ込んだと110番通報があったのは、19時50分です。直後にSNSによって，この飲食店は米川組と関係しているのではないかという噂が広まり、同時襲撃だったのではないかと業界関係者たちがざわつき始めました。しかも，この事件では軽傷ながら一般人2人が被害に遭っています。ついに一般市民を巻き込んだ抗争に発展してしまったのかと緊迫しましたが、幹部組員襲撃とこの事故は、のちの捜査で無関係とわかりました」（地元記者）

ただし、偶発的に起きた事故がすぐに抗争事件とリンクさせられてしまうほど、緊迫感は最高潮に達しており、神戸山口組系組員が六代目山口組系組員を刃物で襲撃しようとしたという事実は大きなインパクトを与えたのだ。気になるのは六代目山口組側の反応だ。ある業界関係者が話す。

「高山清司若頭の復帰後、六代目山口組側は相次いで神戸山口組の幹部を襲撃し、ヤクザに対する法律がどれだけ厳罰化されようと、暴力をもってして分裂騒動を決着させるというイメージを作り上げた。ゆえに、今回の事件に対する報復が起きてもおかしくないと見られています。ただ、今回の事件では襲撃は未遂に終わっており、それに対して六代目山口組が過激な報復を行うだろうかという見方もある。どちらにしても、いつ何が起きたとしてもおかしくない状況であることには変わりない。そして、事件とはいつも突然起きるものだ」

六代目山口組が分裂して5年目を迎えている。当初、「この分裂は抗争にはならない」「警察当局のヤクザに対する締め付けが強まるなか、暴力で解決する手段は取りたくても取れない」などと指摘する声が多かった。しかし、当局がいよいよ「特定抗争指定暴力団」に指定に乗り出そうとしているように、ここに来て両組織の対立は、文字通り、抗争激化の様相を呈し始めている。

「菱のカーテン」再強化 ～2019年12月23日

2005年、五代目体制から六代目体制へと代替わりを果たし、山口組はそれまで以上に組織内部の情報に関する管理を徹底させてきた。特に、早い段階から情報収集や分析に長けていた三代目弘道会が六代目山口組の中枢を占めるようになったことで、その徹底ぶりは際立つものがあった。

「『名古屋方式』ともいわれた、そうした厳格な管理体制が一部で反発を受け、のちに六代目山口組が分裂する原因のひとつになります。ただ、一般社会でも情報の扱いは重要課題となってきているように、六代目山口組の組織運営は理に適っており、時代の先端を行っていた。だからこそ弘道会という組織は、激戦区だった中京地区を統一し、勢力を拡大させることができたのではないでしょうか」（ヤクザ事情に詳しいジャーナリスト）

六代目体制発足後に、執行部の情報漏洩の防止を中心とした危機管理体制を強く印象づけたのが、2010年11月に起こった髙山若頭の恐喝容疑による逮捕だったと思われる。

当時、筆者は二次団体の直系を務めながら三次団体の若頭を兼任しており、言うならば〝枝の組員〟に過ぎなかった。そうした立場で、六代目山口組総本部から出された通達を、所属する二次団体本部から伝達したのだが、その内容は以下のようなものであった。

「本家若頭（髙山若頭のこと）の逮捕について、あれこれ詮索したり、口に出したりしてはならない」

その通達後、筆者の知り得る限り、髙山若頭の逮捕について、あれこれと噂する組員は一切いなかった。単純なことではあるが、本部からの通達ひとつで情報統制が取れたのだ。

その後、髙山若頭が服役することになり、六代目山口組が分裂。SNSの普及ともあいまって、これまでは決して世間に出ることのなかった、「菱のカーテン」と評されるベールに包まれてきた山口組の内部情報や資料が拡散されることが目立つようになるのである。

「分裂後、戦略として、メディアも含めたそうした情報操作を巧みに取り入れ、先手を取ったのが神戸山口組だったのではないでしょうか。なんせ、普段はヤクザ事情を報じない民放番組や一般紙までもが、内部から漏れ伝わる情報も交え、山口組の分裂を報じ続け、記事にしたほどだったのですから」（報道関係者）

そして、今年10月に高山若頭が出所した。まず着手したのが、信賞必罰の人事を中心とした組織改革であった。これによって、六代目山口組サイドの意識が大きく変わったように見える。それを証明するかのように、神戸山口組に対する攻撃が相次いだのだ。それだけではなかった。手綱を緩めることなく次に断行されたのが、情報漏洩の防止だったのである。

先頃、六代目山口組サイドから、こんな主旨の伝達が回されたといわれている。要約すると、「写真等、破門状等、漏洩した組は処分対象とする」といったもので、現にその規律に違反したとして、直系組長が謹慎処分を受けたというのだ。

「ある二次団体の組員が、他の二次団体の挨拶状を携帯電話で撮影し、それが流出してしまった。それによって、トップの組長が謹慎処分となったのだ。これで、内部情報流出に対する警戒感が組員の間で一気に高まった。旧来からの六代目山口組の姿に戻りつつあるといえるのではないか」（業界関係者）

山口組新報も住所録もいまだ流出せず

こんな例もある。六代目山口組では4カ月に一度、「山口組新報」という機関紙を発行している。その機関紙は、山口組組員にしか閲覧できない規則があったのだが、それでも髙山若頭の服役中には、たびたびメディアで取り上げられることがあった。だが今回、11月に発行されたとみられる山口組新報は、一切外部に漏れていないというのだ。

「メディア関係者の間では、『六代目山口組総本部が使用制限を受けたことなどで、今回は発行されなかったのではないか』といわれていたんです。毎年、12月13日の会合で直系組長に配布される最新の山口組住所録も、今年は配られなかったと見られていました。しかし、関係者から漏れ伝わる話によれば、どうも山口組新報はすでに配布され、来年度の住所録も肩書きなどの変更があり、会合では配られなかったものの、その後、配られているという話です」（週刊誌記者）

当サイトで何度か「山口組新報」を紹介してきた筆者も、今回は配布されなかったのだと思っていた。だが、流出しなかっただけで、実際には発行されたようなのである。それが事実であれば、六代目山口組の情報統制は、髙山若頭の出所後からすぐに行われ、すでに相当徹底されているといえるだろう。

そうしたなかで、警察当局も動きを見せている。今月16日、大阪市西成区で、神戸山口組傘下である五代目山健組・六代目健竜会組員が、弘道会系幹部組員を包丁で殺害しようとした容疑で逮捕された事件で、20日、大阪府警が神戸にある健竜会事務所に大々的な家宅捜索をかけたのである。

その模様はメディアでも流されたほど、物々しいものだった。当局は、抗争に関連して、捜索や取り締まりを強化する姿勢を見せつけている。

完全黙秘のなかで起訴　～2019年12月27日

業界関係者の間に衝撃が走ったのは、12月3日のことだった。

「8月に神戸市内で起きた三代目弘道会傘下組員に対する銃撃事件で、五代目山健組の中田浩司組長（神戸山口組若頭代行）に逮捕状が出されたようだ」という情報が錯綜したのだ。

実際、この事件で中田組長に逮捕状が出るのでは、という噂は数日前から確かにあった。

だが、それを鵜呑みにできない理由があった。実行犯が逮捕されていない段階で、先に中田組長が逮捕されることはないと考えられていたからだ。中田組長が事件に関与した可能性はあるかもしれないが、あくまでそれは指示役として、つまり教唆したという疑いがあるだけで、まさか実行犯の疑いがかけられているとは、誰も考えていなかったのだ。

それはそうだろう。山健組といえば、今なお巨大勢力である。その組織のトップ自らが、拳銃を握り、対立する六代目山口組系傘下組員に発砲するなどとは、誰が想像することができただろうか。

その日、筆者は「中田組長、まもなく逮捕」という情報を耳にして、関係者に取材をしていた。そして、実際に同日午後10時半頃に逮捕されるのだが、そこから1時間も経過しない時点で、銃撃の実行犯という容疑で逮捕されたと知ることになったのだった。

逮捕の決め手になったのは、防犯カメラの映像によるものとされていたが、ある筋からは、それ以外にも起訴事実を固めるだけの証拠を捜査関係者らは握っているようだという話を聞いていた。それは、中田組長逮捕から6日後となる12月9日、中田組長の逃走用バイクを用意したとして殺人未遂容疑で逮捕された4人の容疑者の証言などを指すのかと思われていたのだが……。

「中田組長は、ここまで完全黙秘を貫いています。でも、当局幹部らは早い段階で、公判を維持できると踏んでいたと見られています。捜査では犯行に使用されたバイクがすぐに発見され、そこから実行犯の指紋が検出されたなどのさまざまな情報が飛びかっていました。ところが、ある時期からそうした噂は鳴りを潜めていくようになったんです。秘密裏に捜査が進められていたのでしょう。それだけに、防犯カメラの映像よりも固い証拠について、当局側が漏らすことはありません」（報道関係者）

そして、勾留期限いっぱいとなった12月25日、中田組長は容疑を認めることのない状況のなかで、殺人未遂の実行犯として起訴されたのであった。

「その前日の24日、神戸山口組では、幹部会を開催したのではないかという情報がある。タイミングから見ても、中田組長が起訴された場合の対応策などが議題としてあったのではないか。裁判の行方はまだわからないが、当面は中田組長の社会不在が続くことになるだろう。分裂抗争が加熱するなかでの中田組長の社会不在は、山健組だけではなく神戸山口組全体としても大きな痛手といえるだろう」（業界関係者）

任侠山口組の若頭が出所

また、同じく24日には、捜査当局が動きを見せている。先月、兵庫県尼崎市内で神戸山口組・古川恵一幹部を射殺した朝比奈久徳被告の関係先として、六代目山口組の二次団体、二代目竹中組に兵庫県警が家宅捜査に入ったのだ。

「23日から、竹中組本部事務所の警戒にあたる捜査員の数がいつもより多くなっていたので、まもなく家宅捜索に入るのではないかといわれていました。古川幹部を射殺した朝比奈被告は、破門されていたとはいえ、竹中組の出身ですので、関係先として竹中組にガサが入ることは予想されており、竹中組側も想定していたのでしょう。混乱も起きることなく終了しています」（地元記者）

一方で、任侠山口組にも動きがあった。大阪刑務所に服役中であった同組若頭である四代目真鍋組の池田幸治組長が、12月23日に出所したのである。

「任侠山口組は現在、沈黙を守り続けており、特に出所祝いを行ったなどとは聞こえてきていない。だが、池田組長の出所は任侠山口組にとって、今後、組織が一枚岩になって行動していくには大きな朗報と言えるだろう」（業界関係者）

この年の暮れ、六代目山口組と神戸山口組は「特定抗争指定暴力団」の対象になることが決まった。２０２０年早々にも官報に公示されると、取り締まりが一気に強化される。それまでに、対立抗争事件が駆け込みで起こらないとは限らない。いつにない緊張に満ちた年末となっている。

第4章

膠着化する分裂抗争

「特定抗争指定暴力団」への指定 ～2020年1月6日

２０１７年4月、筆者の地元である兵庫県尼崎市で任侠山口組が結成式を行ったことで、当時、同市内が騒然としたことがあった。同組の関連組織周辺には、警備やマスコミの数が増え、物々しい雰囲気に包まれていた。それも、月日の経過とともに落ち着きを取り戻し、町中が以前と同じ平穏さを取り戻したかに見えた昨年11月下旬、神戸山口組の古川恵一幹部射殺事件が起きた。尼崎市内随一の繁華街、阪神尼崎周辺でマシンガンが乱射された事件の影響は、繁華街にとっては書き入れ時である年末にまで及んだのであった。「どこの店も忘年会のキャンセルが相次いでいた」と話す地元の飲食店関係者も少なくはなかった。この事件をきっかけに、尼崎が六代目山口組と神戸山口組の抗争の舞台と化してしまうのではないかと危惧する市民も多くいた。

その尼崎市も、今回、六代目山口組と神戸山口組が「特定抗争指定暴力団」に指定されたことに伴って、その規制の効力が及ぶ「警戒区域」とされたのである。両団体は1月7日にも「特定抗争指定暴力団」として官報に公示され、暴力団対策法における最大限の規制を受けることになる。

その「警戒区域」での主な規制は以下の4つになる。①新しい組事務所開設を禁じる。②敵対する組織の関係先に近づくことの禁止。また③味方の組事務所であっても立ち入ることが禁じられる。そして、④区域内では5人以上が集まることさえできない。これらに違反すれば、即座に逮捕の対象になるのだ。

前述したように、「特定抗争指定暴力団」は、2012年に暴対法が改正された際に「九州対策」として盛り込まれた新規定だ。指定された前例は1度しかなく、この規制による逮捕者は出ていない。そのため、どの程度で逮捕されるのかという点では、前例がない制度といえる。

「明確な逮捕基準がまだないために、当局サイドも、現場の捜査員になればなるほど判断しにくいという声があるようです。むろん、抗争が激化すれば、逮捕の基準も一気に跳ね上がる可能性もあるでしょう。組員が抗争に関連する行為をしたと当局が解釈すれば、ちょっとした行動でも即逮捕されることも考えられる。現時点では、何をしたら逮捕されるかということを誰も理解できていないわけです」（暴力団に詳しいジャーナリスト）

だからといって、今回の指定で必ずしも抗争が終焉する、もしくは山口組が壊滅状態になるかといえば、そうとは言えないだろう。特定抗争指定とは、あくまで抗争を拡大させないための措置であり、組織を壊滅させるために設けられた制度ではない。現に警戒区域以外では、これまでのように組事務所に出入りすることも可能であり、組員が5人以上集まってはならないという制限を受けることもないのだ。必然的に、警戒区域内に拠点を置いていた組織は、区域外の関連施設に臨時的に機能を移転させ、組織運営を行うことになるというわけだ。

「ただ、活動拠点を別に移したと当局が判断すれば、その施設一帯も警戒区域に定めるでしょう。そうして、両組織の活動を取り締まっていき、抗争ができない状態どころか、通常の組織運営がしにくい状況へと持っていくことが狙いなのではないでしょうか」

こう指摘する法律に詳しい専門家は続けて、このような警鐘を鳴らしている。

「警戒区域が拡大され、組織活動が制限されていく分、今後はこれまで以上にヤクザの身分を隠して、一般社会に溶け込んでいくケースが増えることが予想されます。それが海外のマフィアのように、地下へと潜るきっかけになり得る可能性もあるわけです」

これまでヤクザは、自分たちがヤクザであること、その事務所がどこにあるかも含めて、ある種の矜持を持って律儀なくらいに世間に示して存在してきていた。それは、どれだけヤクザに対する厳罰化が進んでも変わらなかった。ある意味、そのようにヤクザ組織や組員たちがわかりやすく社会に存在し、一般市民とは一線を画しながら活動してきたからこそ安心できる側面があった。それゆえ、身分や活動拠点を隠されてしまったほうが、市民にとっては恐怖となるのではないか。例えば、たまたま知り合った相手と親しく付き合うようになったら、後で実はヤクザの幹部だったと聞かされるケースも出てくるかもしれないからだ。

おかしな話かもしれないが、町中にヤクザの組事務所があり、そこに組員が出入りする……そうすることで地域住民は誰がヤクザの組員であるかを理解することができるという構図は、一般市民においても一定のメリットがあったのだ。いずれにせよ、今なお続く六代目山口組分裂抗争において、今回の「特定抗争指定暴力団」への指定は大きな転換期になるだろう。

髙山清司若頭の影響力　～2020年1月7日

六代目山口組では毎年大晦日になると、神戸市灘区にある六代目山口組総本部に全国から直系組長らが集結し、年を越す行事が行われていた。その際、司忍組長が最高幹部を従え、総本部近くの神戸護国神社へと初詣するのがならわしだったが、今年は総本部が使用制限を受けていることから、直系組長らが総本部へと集結することができなかった。そのため、護国神社への初詣は六代目山口組を代表する形で、執行部の一端を担う二代目竹中組組長の安東美樹若頭補佐と、総本部に住民票を置いている直系組長らのみで行われた。

「関連事務所の使用制限を受け、一部開催を控える公式行事があったとしても、六代目山口組は粛々と伝統行事を執り行い続けている。そうした方針は、『特定抗争指定暴力団』に指定された後も変わらないのではないか」（業界関係者）

昨年末から六代目山口組では大きな動きがあるのではないかと一部で囁かれていたのだが、実際、同組織の動向は以前とは異なりを見せていると多くの関係者が口にしている。その一例として挙げられるのが、徹底され始めた情報統制などだが、その原動力となったのが、やはり六代目山口組の司令塔とも言われる高山清司若頭の社会復帰だろう。

「厳密にいえば、高山若頭の出所直前から、六代目山口組の動きが変わってきたと言えるでしょう。それほど高山若頭の存在は、傘下組員に大きな影響を及ぼすということ。あくまで組織のトップは司忍組長で、名実ともに六代目山口組の頂点です。ただし、組長は象徴であり、シンボルなんです。そのため、組織運営に司組長が直接関わることはありません。そこで采配を振るうのが、ナンバー2の高山若頭となるわけです。その高山若頭が一線へと復帰したのですから、否が応にも士気が上がっているのではないでしょうか」（ヤクザ事情に詳しいジャーナリスト）

筆者は毎年、大晦日になると思い出すことがある。筆者が所属していた組織（六代目山口組二次団体）の親分が六代目山口組総本部で年を越すために、運転手とともに親分の本宅へと午後10時頃に迎えに上がり、親分を総本部へと送り届けて、いったん組事務所へ戻るということを続けている時期があった。そして、年が明けると再び総本部へと親分を迎えに上がり、組事務所へと帰るのである。その際、司組長からのお年玉を、親分の手を介して、三役と呼ばれる二次団体の３人の幹部ももらうことができるのだ。筆者もその１人であった。

司組長の名前が入ったお年玉袋を、親分から初めていただいた時のことは鮮明に覚えており、最近でも大晦日になれば、その時の記憶が蘇るのである。まさかあの時代、六代目山口組が分裂することや、六代目山口組総本部が使用制限を受けることなど、誰が想像できただろうか。

閑話休題。そして、年が明けた１月５日。全国から六代目山口組の直系組長が名古屋へと集結。初顔合わせとなる新年会が行われたのである。

「名古屋市内の関連施設に集まる親分衆は白ネクタイに礼服でした。表情は厳粛のなかにあっても柔らかく、特定抗争指定や分裂状態を憂いているような表情にはまったく見えませんでした。ヤクザである以上、どのような状況でも泰然自若と受け入れるといった姿勢

の表れではないでしょうか」（地元記者）

昨年暮れには、新年会の際に大きな人事発表があるのではないかと噂されていたというが、実際にはそういった発表などもなく、令和2年の新年会は滞りなく終了したという。そして、その日から2日後の1月7日、官報への公示があり、六代目山口組と神戸山口組が正式に「特定抗争指定暴力団」に指定されたのである。

神戸山口組二次団体が解散か？ ～2020年1月9日

2019年暮れから、神戸山口組のある二次団体が、六代目山口組傘下の武闘派団体に移籍するのではないかと囁かれていた。筆者も関係者らに取材を進めると、実際にその方向で話が進んでいたことが確認できたが、ここにきて、事態は急転した。同二次団体は現在、解散の意向を示しているというのである。

「その組織は、かつて六代目山口組から除籍となった直系組織の系譜を継いでおり、分裂後に神戸山口組に加入、その後、トップとナンバー2が神戸山口組の直系組長となっていました。それがここにきて、トップが引退し、残った組員を取りまとめる形でナンバー2

の幹部が、六代目山口組の二次団体に加入するのではないかと囁かれていたのです。現にその調整も進められていたという話ですが、急展開を見せて、当局に組織の解散届を提出する意向を示したといわれています」（ヤクザ事情に詳しいジャーナリスト）

だが、警察当局に解散届は受理されなかったというのだ。その理由をある業界関係者はこのように話す。

「暮れに、警察署に解散届を提出しようとしたという話を聞いた。だが、その組織の拠点が、提出しようとした警察署の所轄でないことなど書類になんらかの不備があって、今年に入り、組織の拠点がある地域を管轄する警察にあらためて解散届を持っていったという話だ。だが、その際にも書類に不備があったようで、受理されなかったと聞いている。いずれにせよ、解散の意向を示しているのは間違いないようだ」

以前ならば、こうした解散や移籍などにかかわる複雑な噂を確かめる場合、その組のトップや幹部らが執行部の会合などに出席しているか否かで確認することができた。だが現在は、関連事務所が使用制限をかけられ、そうした会合が実施しにくくなっているため、噂の真偽を判断できなくなっている。ただ、水面下では組員の移籍などが相次いでいるようだ。

「２０１９年12月に突如解散した太田興業の幹部が任侠山口組に舎弟として移籍していま

すし、また別の太田興業の幹部は神戸山口組の池田組へと移籍しました。抗争の激化や当局の取り締まり強化により、各組織をめぐる状況が不安定ななか、分裂抗争に終止符が打たれない限り、移籍は今後も続くのではないでしょうか」（報道関係者）

そうしたなかで迎えた1月7日、正式に六代目山口組と神戸山口組が「特定抗争指定暴力団」に指定されたのだ。

「警戒区域となった6府県10市に位置する両団体の関係先には、『特定抗争指定暴力団』となったことで使用禁止を告げる紙が、7日午前中に捜査員によって貼られていきました。六代目山口組の総本部には、詰めかける報道関係者を前に、午前10時30分からそうした作業が進められました。正面玄関は木製となっているために剥がれやすいと判断されたのか、敷地内となる石畳の上に黄色い紙が貼られています」（地元記者）

これによって、両団体への取締りが今後より一層厳しくなるのだが、それについてある業界関係者はこんな危惧を漏らす。

「特定抗争指定による規定違反での逮捕は前例がないだけに、組織側も何をしたら逮捕されるのか判断できない。例えば報道などでは、警戒区域内でおおむね5人以上集まってはいけないと報じられているが、条文を読む限りは『多数で集合すること』としか書かれていない。それだけに、4人までなら大丈夫だと判断しても、当局のさじ加減で逮捕される可能性もあるのではないか。当面は、どのような事例が摘発につながるのかなどの推移を見守りながら、組織防衛を行っていくしかないだろう」

実際、取り締まり開始後、某組織の幹部ら3人の組員が、大阪ミナミの飲食店に居合わせたところ、警察サイドから任意同行を求められて、厳重注意されたようだという情報も業界内ですでに拡散されている。やはり、条文の人数をどう解釈するかは当局次第で、極端な話、2人であれば逮捕される可能性はないなどとも断定できない状況のようだ。

いずれにしても、分裂状態は今もなお続いており、特定抗争指定された六代目山口組、神戸山口組ともに、当局の動向をこれまで以上に警戒しながら、相対する組織との攻防戦に入ったといえるだろう。

「絆會」への名称変更の裏に……　〜2020年1月14日

分裂抗争が続くなかで、1月12日に六代目山口組である通達が出されたという。その内容とは、〝3つの目の山口組〟として官報に指定暴力団の公示がされていた任俠山口組が、「絆會」と組織名称を変更し、これまで使用していた、山口組の象徴でもある「山菱の代紋」

も変更するといったものであったというのだ。

それを裏付けるように、任侠山口組内では、ＬＩＮＥによる「御通知」が流された。内容は、やはり絆會へと名称を変更させて、代紋を変えるというものであった。

「任侠山口組は、脱反社を掲げ、２０１７年の結成当初から、これまでのヤクザ組織とは一線を画す運営手法を採ってきました。そのひとつが、瞬時に情報を共有することができるグループＬＩＮＥの活用です。今回の御通知もＬＩＮＥによって直参幹部らに送信されたようで、その文面はすぐさまＳＮＳによって拡散されることになりました」（ヤクザ事情に詳しいジャーナリスト）

この名称変更の通知が流される数日前から、「任侠山口組が名称と代紋を変更する」という噂が確かにあった。その後、同団体では緊急幹部会が開催されたと見られており、「数日中には、正式発表されるようだ」と、業界関係者の間で囁かれていたのだ。それが、現実のものとなった。

任侠山口組が絆會へと名称を変更し、山菱の代紋という〝山口組の大看板〟まで下ろしたことで、２０１７年以降、３つに分裂してきた山口組において、そのアイデンティティたる山菱の代紋を掲げるのは、現在、「特定抗争指定暴力団」に指定されている六代目山口組と神戸山口組の２つとなったのである。

「任侠山口組としては、２０１９年4月に盃事を行って以来、公式的な行事は執り行っていないと見られており、秘密裡に幹部会やブロックによる会合を開催していた。そんななかで、今回の重大な決定がなされたわけだが、注目すべき点は、六代目山口組サイドにおいても、いち早く任侠山口組の名称および代紋の変更が伝達されたことだ。両団体の間に、事前になんらかの意思の疎通のようなものがあったのかもしれない。神戸山口組の有力団体である太田興業が解散した際も、六代目サイドでは、いち早く通達を出したと言われており、六代目山口組サイドが対立する組織の内部に影響を及ぼすような動きが、水面下で起きている可能性は高いのではないか」（業界関係者）

その背景を突き詰めていくと、「どうしても六代目山口組の高山清司若頭の存在がクローズアップされる」と、この関係者は話す。事実、高山若頭が出所してまだ3カ月足らずのこの時期に、任侠山口組が名称を変更したのだ。もちろんその背景には、激化する抗争を踏まえた当局の取り締まりの強化や、現在の山口組を取り巻く社会情勢の変化もあるだろう。

前述した、ＬＩＮＥで通達されたと思われる任侠山口組の御通知には、「（前略）結成当初より、真の任侠道を取り戻すべく、脱反社を最終目標に掲げ、その為にも先ずは山口組の再統合と大改革を目指して参りました。しかしながら、この数カ月の情勢を鑑み、現状では極めて困難で有ると判断致し、親分はじめ組員一同協議の結果、代紋及び組織名を【絆會】と改め、新たなる出発をする事としました」との文言も見られる。

このような結論に至る過程では、水面下ではさまざまな政治的な攻防が起きていると見るのが妥当ではないか。そして、新たな道を歩み始めた絆會は、どのような運営方針を執っていくのだろうか。髙山若頭出所後、分裂騒動が目まぐるしい展開を見せ続けている。

指揮官の別宅が銃撃される　～2020年2月5日

ヤクザ業界では、親分の自宅を「本家」もしくは「本宅」と呼ぶことが多い。そのならわしからいえば、2月2日に三重県桑名市で発砲された住宅は、六代目山口組・髙山清司若頭の「別宅」とも呼ばれる場所になる。髙山若頭にとって、本拠地ではないが、頻繁に訪れる重要拠点といえるだろう。そんなキーポイントへの発砲事件は何を意味するのか？

六代目山口組分裂後、3つに分かれた山口組による戦況を一気に動かしたのは、昨年10月の髙山若頭の出所といえるだろう。六代目山口組内への信賞必罰を原則とした人事、神戸山口組への攻撃などを断行し、任侠山口組を改称させるまでに追い込んだ髙山若頭は業界内にあって、抜きんでた影響力を持つことが証明された。

また、1月下旬に関東圏で立て続けに起きた以下の事件についても、不協和音が漂うなかで、髙山若頭が上京すると一気に沈静化したとさえ言われていた。

1月24日に群馬県内で、六代目山口組系傘下組員が射殺され、1月25日には台東区にある松葉会総本部に火炎瓶が投擲された。いずれも犯人は特定されていないが、群馬県内の射殺事件では、その背後関係から地元勢力の犯行ではないかと噂され、松葉会総本部への火炎瓶投擲は、1月17日に起きた松葉会系組員による六代目山口組二次団体本部へのダンプ特攻に対する報復という見方があった。いずれも事態の悪化が危惧されたが、そんななかで髙山若頭が上京し、事件に関与したと思しき組織の上部団体を訪問したことで、不穏な空気を払拭してみせたのだ。

「髙山若頭による2団体への訪問はあくまで、六代目山口組・司忍組長の誕生日祝いに対する返礼や、六代目山口組総本部が使用を禁止されていたために、髙山若頭から親睦団体を訪問したことが理由といわれている。直接的に、2つの事件についてのなんらかの話し合いなどではなかったようだ。だが、髙山若頭が自ら足を運んだことで、懸念されていたさらなる事態の悪化はなくなったのではないか」（捜査関係者）

そうした矢先に、三重県桑名市にある髙山若頭の別宅が銃撃されたのだ。これは、髙山若頭の復帰後に劣勢と見られていた神戸山口組サイドからの「まだ諦めたわけではない」との意思を示す行為ではないかとも考えられたのであった。なぜなら、逮捕された容疑者が、現役組員ではないものの、神戸山口組系に近い関係者だと見られるからだ。となると、今度は六代目山口組サイドによる報復が考えられる。

だが、ある業界関係者は、それについてこのような見解を示している。

「確かに抗争再燃のきっかけになる恐れはある。だが、必ずしも六代目山口組サイドがすぐに報復しなければならない状況かといえば、そうではないのではないか。すでに桑名の別宅は警戒区域に入っており、髙山若頭は拠点を違う場所に移していたという話だ。本気で髙山若頭を狙いにきた犯行とは思えず、そう考えると、すぐに抗争が激化する可能性は高くない。ただ、神戸山口組サイドが徹底抗戦の構えをみせたとも言えるので、分裂騒動の終結がそう簡単でないことが、あらためてわかった」

いずれにせよ、六代目山口組と神戸山口組が特定抗争指定暴力団に指定された後の初めての事件が、髙山若頭の別宅の銃撃事件となり、逮捕者を出すことになった。今後、ますます当局の締め付けが厳しくなるなか、分裂騒動は緊迫した状態に突入していくだろう。

六代目山口組が出した「意外な通達」～2020年2月10日

三重県桑名市にある髙山若頭の別宅に銃弾を撃ち込んだとして、銃刀法違反容疑で逮捕された元組員が送検された。関係者らの話によれば、この元組員は、五代目山口組時代に一世を風靡した二次団体系列組織に在籍していたという。

「聞く話では、五代目山口組の有力二次団体で執行部を務めていた組織に在籍していたようで、その後、二次団体が五代目山口組から処分されると、別の二次団体（現在は解散）に移籍。現役のヤクザの経歴としては、そこの組織が最後だったようだ」（業界関係者）

この経歴からして、容疑者の元組員は神戸山口組に近い人物と目されたが、それにより危惧されたのは、今回の発砲事件による六代目山口組からの報復や、それによる抗争の激化だったのだが、六代目山口組から出された通達は、報復を禁じるというものだった。

「発砲事件後、病院や駅などの公共の施設においての暴力行為の厳禁とともに、いわゆる『返し』といわれる報復を禁止する通達が出されたようです。報復によって予想される当局のさらなる規制を回避するための組織防衛策といえます。負傷者も出ていない今回の事件に対しては、当局から取り締まりを強化されてまで、報復に動くことではないと判断し

たのではないでしょうか」（ヤクザ事情に詳しいジャーナリスト）

ただ、通達はそれだけではなかったといわれている。1月に任俠山口組から名称を変更した絆會への攻撃も禁止しているというのだ。

「名称変更後、絆會関連組織は、事務所にあった山口組の菱の代紋や三代目親分（三代目山口組田岡一雄組長）の写真などを外したと言われていた。同時に六代目山口組の中核組織、三代目弘道会では、絆會に対して組員の引き抜きや攻撃などを禁ずる伝達が出されたともいう。その経緯から見ても、六代目山口組サイドと絆會では水面下でなんらかの動きがあったと考えても不自然ではないのではないか」（業界関係者）

その絆會では近々、新たな人事と今後使用する代紋についても公表されるのではないかと言われており、ＳＮＳなどでは、さまざまな憶測や偽物と見られる人事表や代紋までが拡散されている。また絆會では今後、組織の紋章に対して、代紋という呼び名を使用しないようだという話も出ている。本当だとすると、結成時に掲げた「脱反社会的勢力を目指す」という意思の表れ、暴力団と見なされることへの脱却策のひとつなのかもしれない。

そして神戸山口組でも、その中核組織であり、現在、中田浩司組長が逮捕・起訴され、トップ不在を余儀なくされている五代目山健組も動きを見せている。

「若頭補佐や幹部を増員させ、五代目体制発足以来、空席だった本部長に三代目妹尾組の物部浩久組長が就任しました。妹尾組といえば岡山市内に本拠地を構える武闘派組織で、初代組長は四代目山健組発足時に若頭の重責を務めたことでも知られています。中田組長の社会不在が長期化することを踏まえての組織固めに入ったと言えるのではないでしょうか」（実話誌記者）

六代目山口組と神戸山口組。特定抗争指定暴力団に指定され、活動を一層制限されている状態にありつつも、組織防衛を優先させながら、水面下ではさまざまな動きが起きているようだ。

「六代目」最高幹部と共政会トップが兄弟盃　～2020年2月26日

2020年に入り、抗争が激化することも十分に考えられていたが、現在の山口組の分裂抗争は、ある意味において静寂に包まれていると言える。

まず、独自の路線で組織改革を断行させ続ける絆會であるが、任侠山口組からの名称変更に伴い、2月17日、あらためて絆會として指定暴力団に官報へと公示されたのであった。

また、六代目山口組、神戸山口組両陣営とも、水面下では激しいとまではいかなくとも組織防衛に回りながら、移籍に関するもののほか、さまざまな情報が錯綜している。

そうしたなかで、大安吉日となった2月16日、六代目山口組の最高幹部と、〝山陽の雄〟と評され、広島県広島市に本部を置く六代目共政会のトップが五分の兄弟盃を交わしたのである。ヤクザ社会にはさまざまな盃事があるのだが、五分の兄弟盃とは、お互いが対等であることを意味する。

式場となったのは、岡山県岡山市に本拠地を置く六代目山口組の二次団体、二代目大石組本部事務所。そのため、同県内には、警察の捜査員や機動隊員がのべ約250名派遣され、さまざまな箇所でバリケードが張られるなど、厳戒態勢が敷かれていたのだった。そして、時代の流れと言えるだろう。そうした模様は、リアルタイムでSNSによって拡散されたのであった。

そんな物々しい空気のなかで、両団体に関係する親分衆が続々と大石組本部に結集したのであるが、地元関係者の話によれば、集まった親分衆の表情は厳格のなかにも朗らかさがあったという。分裂抗争の真っ只中にあるようには感じられなかったというのだ。

昨年末より話題となっていたこの兄弟盃。晴れて兄弟の契りを結ぶことになったのは、六代目山口組で若頭補佐を務める二代目竹中組・安東美樹組長と六代目共政会・荒瀬進会長。そして、この兄弟盃の後見人となったのが、六代目山口組・司忍組長であり、司組長の名代として六代目山口組・髙山清司若頭が出席したのである。また、取持人（仲介役）や媒酌人（儀式の進行を務める役目）は他団体のトップと最高幹部が務めたことを見ても、この兄弟盃がどれだけ業界内で注目を集めていたのかが、わかるのではないだろうか。

取持人を務めたのは、山口県下関市を中心に勢力を誇る七代目合田一家・末広誠総長。媒酌人は、福岡県福岡市に本拠地を構える三代目福博会・坂元常雄組織委員長が務めた。業界内でも名高いこれらの組織が六代目山口組と友好的な関係にあることを、この盃事からもうかがい知ることができる。

一方、神戸山口組も、これらとは異なる他団体との親睦を深め続けている。日本最大のヤクザ組織である山口組の分裂は、他のヤクザ組織にも、どちらの陣営との関係性を深めるのかという選択を強いてきたわけだ。今回の分裂騒動は、ヤクザ社会全体に影響を及ぼす問題ということがここからもわかるのだ。

神戸山口組二次団体が本部売却　～２０２０年２月27日

神戸山口組の伝統ある二次団体に今、異変が起きている。同団体の本部事務所が売りに出されていると以前から業界内で噂になっていたのだが、1月下旬にある企業に売却されていたことがわかったのだ。さらに今月に入ってから、この組織で最高幹部の重職を務めていた人物が、組員数名と共に六代目山口組二次団体へと移籍していたのである。

「今回、神戸山口組系から移籍した最高幹部は、抗争事件で長期服役していたのだが、六代目山口組の分裂騒動で揺れ動いている最中に出所し、神戸山口組系二次団体で一線へと復帰を果たした人物。いうならば、その団体にとっては功労者となる。その幹部が六代目山口組系に移籍し、幹部らが所属していた本部事務所が売却された。内部で大きなことが起きていたのではないか」（業界関係者）

確かに、内部で異変が起きていた可能性はあるだろう。ただ本部事務所の売却については、別の見方も考えられる。それは、神戸山口組が1月に「特定抗争指定暴力団」に指定されたことに起因する。

その「特定抗争指定暴力団」の指定と同時に、規制の効力が及ぶ警戒区域が設けられた。区域内では組員の活動は極端に制限され、地域内の組事務所については出入りすることすら許されない。実質、使用できなくなった組事務所に、以前のような重要性があるのか。

使用しなくても、組事務所には維持費がかかる。もちろん、「特定抗争指定暴力団」の指定が解除されれば、使用可能になるだろうが、山口組分裂問題の解決なくして、それはあり得ない。現状を見た場合、指定対象となった六代目山口組と神戸山口組の対立が短期間で収束するとは思えない。いつ使えるようになるかわからない施設に対するコストは大きな負担だ。ヤクザ事情に詳しい専門家はこのように指摘している。

「これまで当たり前のように組事務所で開催されていた定例会などの行事が、『特定抗争指定暴力団』に指定されてからは、事務所で開催できなくなってきています。むろん、警戒区域内ではほかの施設などでも行えません。そうなった場合、合理的に必要ではないと判断せざるを得ない拠点も出てくる。今回の本部事務所は、そうしたことも踏まえた上で売却に至ったのではないでしょうか」

現在の山口組を取り巻く環境は、たとえ警戒区域外であったとしても、以前のように堂々と組行事を開催するのは難しい状況になってきている。当局に目をつけられれば、そこが新たな警戒区域として指定されかねないからだ。そのため、会合や行事なども秘密裏に開催されることが多く、また組の関連施設では行わず、飲食店などの目立たない場所で行われているケースも出てきている。

六代目山口組と神戸山口組の対立は、「特定抗争指定暴力団」に指定されたことで膠着状態が続いているように見える。今回の事務所売却のような、組織力低下を招く状況を生み出しているのも事実だ。だが、前述した通り、それが収束という出口に向かっているかといえば、そうは見えない。ヤクザは、法律とは異なる、組織の規律、極道としての矜持などのなかに存在している。それらを重んじた場合、また衝突が起き、抗争が激化したとしても、決しておかしくはない状況は続いていると考えるべきだろう。

ヤクザがコロナ被害支援活動 ～2020年3月17日

休校要請から始まり、選抜高校野球の初めての中止、プロ野球の開催延期、そして今、オリンピックの延期までもが現実味を帯びてきた。さらに、マスクに加えて、デマによるトイレットペーパーやティシュの品切れ状態。経済の悪化はどこまで進むか先行きが見えず、誰もが予想もしていなかった事態に突入してしまっている。

そうしたなかで、日本社会では反社会的暴力団と位置付けられたヤクザが、各々で物資支援の活動をしているのは、あまり知られていない。

「ある組織の最高幹部は、縄張り内の福祉施設にマスクを無料で提供しています。ただ、先方に迷惑をかけてはいけないと、身分は公にはしていないといいます。個々が目立たないように、マスクに限らず、足らない物資を無料で配布しているという話が各方面から聞こえてきます。それは六代目山口組に限ってのことではなく、神戸山口組サイドでも、そうした活動が個々で行われているようです」

先日、一部報道で髙山清司若頭の着けているマスクが、今では簡単に入手できない高級品だと報じられていたが、ヤクザには、独自の流通ネットワークがあり、小売店の店頭では品薄の商品でも、それらを入手できるルートを確保しているケースが多い。過去にも、震災などが起きた際、多くのヤクザが支援を行い続けた。彼らは、時にその行為が売名行為だと社会からバッシングを受けようが、そうした活動を止めることはなかった。そこに対して、社会の評価など求めていないのだ。世間から忌み嫌われようとも、仮に損をすることになっても、人知れずそういった活動を行うことのできる原動力を、多くのヤクザ組織が持っていることは事実だ。

筆者は、ヤクザを「必要悪」とは思わない。「暴力団」という烙印を押され、自分たちの筋を通すためには暴力をもいとわない、つまり毒をもって毒を制するようなヤクザのやり方は、現在社会には必要とされていないだろう。そのために、国家はさまざまな法律で、ヤクザの人権さえ剥奪しようとしている。だが、不思議なことに、暴力団排除条例などで徹底的にヤクザの行動や生活を締め付けても、結社罪のような、組織を結成、維持することと自体を禁止する法律だけは適用しようとはしない。それは、今回のような思いもよらぬ混乱期に、任侠を重んじるヤクザとしての行動に社会に必要とされる側面があると考えているからではないだろうか。

「任侠道といった難しいことは我々にはわからない。ただ、近所で困っている人がいれば、手をさしのべるのは当たり前のこと。目の前の人が喜んでくれれば、それでよいのではないか」（あるヤクザ組織の関係者）

一方で、この混乱期に紛れて新型ウイルスに関連した特殊詐欺が多発し始めている。

「社会が騒げば騒ぐだけ、その不安解消のために新たに作られるシステムを逆手に取り、金銭に変えようと目論む集団が出てくるのが実情です。今後、緊急的な制度が発足し莫大な予算が動く予定の新型コロナ関連の補助金や休業補償などがターゲットとなり得るでしょう」（犯罪事情に詳しいジャーナリスト）

ヤクザのなかには、独自のネットワークを使い、無償でマスクなどを提供する者がいれば、それを買い占めて高値で転売したり、国民救済のための新制度を特殊詐欺の材料にしたりしようとする者も存在する。そして、これは一般人に対しても言えることだ。大切なことは、「反社だから」「一般人だから」という属性で区別することではなく、悪いことは悪い、良いことは良いという絶対的な価値観で事象を捉え、そこに関わる人々を評価することだ。

今後、この混乱はさらなる混沌を迎えることになり、社会にも、そして裏社会にもさまざまな影響を与えることになるだろう。世間では、昨年末から激化していた山口組の分裂問題の行方に注目が集まっていたが、その成り行きにも影響を与えることは必至だ。

髙山若頭の勢いを止めた「2つの敵」～2020年3月18日

昨年10月に六代目山口組・髙山清司若頭が府中刑務所から出所して以降、同若頭の存在は分裂問題に大きな影響を与えてきた。組織内の引き締めを図ると同時に、対立する組織へは、決して妥協はしない姿勢を見せつけた。それは、一気に分裂問題を終息させるのではないかと思われたくらい強烈なものであった。

だが、その勢いに歯止めをかけてみせたのが、1月に発効された「特定抗争指定暴力団」の指定だろう。これによって、六代目山口組と神戸山口組は、組事務所や関連施設などの使用制限を受け、抗争どころか日常的な活動そのものにストップがかけられたのだ。その影響で分裂問題は長期化する見通しが出てきたのである。

「ヤクザ組織は本来、例え抗争中であっても、国内の大規模な行事やイベントがある際には、自主的に休戦し、相手を刺激するような行動は自粛するように通達が出される。特に今年は日本でオリンピックが開催される予定になっており、挙げ句、現在は新型コロナウイルス問題で日本全体が揺れている状態だ。そうしたなかでの抗争の激化は、六代目山口組も神戸山口組も望んでいないだろう。六代目山口組サイドとしては、一気に決着をつけ、分裂問題を終わらせたかったのではないか。だが、『特定抗争指定暴力団』に指定されて、そうもいかなくなった。逆にいえば、劣勢が囁かれ続けたなかで、神戸山口組が耐え忍んだと言えるのではないか」（業界関係者）

この関係者が語るように、ここに来て抗争が収まっている理由として、現在の新型コロナに関する自粛ムードが関係しているのは間違いない。その上で、「特定抗争指定暴力団」の条文に設けられている、警戒区域の存在も大きいと言えるだろう。

現在、それぞれの主要組織が、組事務所の機能や幹部の自宅を警戒区域外に設けるという緊急措置を取っている。警戒区域外であれば、それらの施設を使用しての組織運営が可能な状況だ。だが、活動拠点を移せば、当局はそこも警戒区域に設定するつもりだ。

全国の至るところに傘下団体があるので、当局とのイタチごっこをしばらく続けることは可能だろうが、それは組織を疲弊させるだけで、決して分裂問題解決の一手とはならない。そんな背景からも、対立組織との衝突につながるような軽率な行動を取ることは、今は両陣営とも避けたいと考えられる。それが分裂問題の膠着状態につながっているとも言える。

ただ、まったく何も起きていないかといえば、そうではない。水面下では組員の移籍や小競り合いは存在しており、非公式ながら、政治的な解決案も浮上したのではないかという話が錯綜したこともあった。だが、やはり短期間で分裂問題を解決するような流れにはなっていない。それは、神戸山口組の中核組織の様子からもうかがえるという。

「五代目山健組の中田浩司組長は、現在、社会不在を余儀なくされています。だからといって、山健組が揺れているかといえば、そんな感じではない。中田組長は、六代目山口組系組員に対する殺人未遂罪などで身柄を拘束されながら、当局の追及に対して今も黙して語らず。中田組長のそんな姿勢に感化されたのか、同じ留置場に勾留されている他の神戸山口組系組員たちも、心身ともに引き締まっているという噂が漏れ伝わってきたこともありましたし、中田組長不在のなかでも、山健組は執行部を増員させて、組織内を強化させています。それを見ても、山健組ひいては神戸山口組は、長期戦をにらみ、反撃することを諦めていないと言えるのではないでしょうか」（ヤクザ事情に詳しいジャーナリスト）

そんななか、新型コロナ特措法が成立。まさに日本は緊急事態に陥りつつある。ヤクザたちが、自分たちの戦いに明け暮れていられる場合ではなくなった。山口組の分裂問題は、長期戦の様相を呈してきたと言えるだろう。

放火逮捕の先に当局が見据えた「事件」～2020年3月26日

29歳の時に社会復帰してきた筆者に、なにかと親切にしてくれた人物がいた。塀の中で出会い、先に出所して社会復帰を果たし、筆者になにかと心配りをしてくれたその人物は、兵庫県姫路市に本拠地を置く武闘派組織の元幹部であった。現在の神戸山口組の中核組織である五代目山健組傘下、二代目武神会である。

出所後、1日休暇をもらった著者は、この元幹部のはからいで社会復帰の細々とした手続きを行なっていた。その際、客人をもてなすかのように散髪へと連れて行ってくれたなかのひとりが、先日逮捕された二代目武神会の八軒丈弥容疑者であった。今から15年前のことだった。

2019年11月30日、加古川市内で、ナンバープレートが外されていた車が全焼しているのが発見される。その後の捜査の結果、今月に入り、この車を放火したとして建造物等以外放火容疑で武神会の八軒容疑者ら8人が逮捕されることになった。ただ、この放火事件の本当の狙いはそこではなかったのだ。

真の狙いは、放火された車の所有者Ａ氏の行方であった。姫路市に住むＡ氏は放火事件以前から行方不明になっており、なんらかの事件に巻き込まれたのではないかと当局は見ていたのだ。捜査のきっかけは、車が放火された３日前に遡るという。「Ａ氏が山中に埋められている」などといった匿名による通報が、11月27日あたりに複数件寄せられていたというのだ。

「この事件では、逮捕された８人以外にも、事件になんらかの形で関わっていた少年らがいると見られているようです。彼らからも、事件に関する供述が取れたと思われます」（事件記者）

そうした供述などに基づいて捜査がなされた後、今月11日、京都府の山中で、行方不明になっていたＡ氏が遺体で発見されたのである。

「発見されたＡ氏も、傷害致死や強盗といった逮捕歴があったいわく付きの人物。八軒容疑者らと金銭をめぐるトラブルがあったという話だ。放火容疑で逮捕されたなかには、10代の少年らも複数含まれている。暴力団組織の人間が絡むこうした事件はそのまま闇に葬られることも少なくないが、今回は口が重くない少年たちも関与していたので、Ａ氏がトラブルに巻き込まれたことがすぐに広まっていったのではないか」（地元関係者）

A氏宅からは、金銭にまつわるトラブルを抱えていたことをほのめかすメモなどが残っていたと言われている。そして24日、八軒容疑者らはA氏を殺害したとして再逮捕された。当局は、八軒容疑者らの認否を明らかにしていないが、A氏は容疑者らに刃物のようなもので殺害されたと見ているようだ。

15年前、筆者を客人としてもてなしてくれた際の八軒容疑者の姿は、ヤクザ渡世を邁進しているのが一目でわかるほど輝いていた。その後、八軒容疑者は逮捕され、筆者もすぐにまた社会不在を余儀なくされてしまい、出所後は、前述した元幹部が消息を絶っていたので、八軒容疑者とも会えていない。

それが15年の時を経て、久しぶりにその名前を耳にしたわけである。彼は、このような凄惨な事件にかかわるような人物には思えなかった。強化される一方の規制によって、ヤクザが生きづらくなった社会が、八軒容疑者を変えてしまったのか。当時のさまざまな記憶が走馬灯のように甦ってきたのであった。

第5章

水面下の攻防

絆會に噴出するさまざまな噂　～2020年3月31日

現在、ヤクザ業界内で、ある組織に関する噂が飛び交っている。もちろん確定情報ではないが、そうした声は業界内で日増しに強くなっており、筆者の元にも、ある有力組織の親分からこんな連絡があった。

「先生、絆會の話、聞いてまっか。なんらかの大きな動きがあるかもしれまへんで」

絆會に大きな動きがある――その親分の情報収集能力は、業界内でも知られている。それゆえ、かなり信憑性の高い情報と言えるだろう。ただ、ヤクザ組織の内部人事や移籍や解散話は、それが表に出るまでに紆余曲折がつきものであり、実現するまでどうなるかは誰にもわからない。ただ、それほどのクラスの親分までもが言葉にすることだ。噂を裏付けるような動きが水面下で起きていることだけは、間違いないのだろう。

六代目山口組分裂後、その騒動の中心として各メディアから脚光を浴びた人物がいる。それが現在の絆會のトップ、織田絆誠《よしのり》会長だ。六代目山口組から神戸山口組が分裂した当時、神戸山口組で若頭代行を務めた織田会長の動向は、普段、暴力団事情を報じないマスメディアでさえ、報じ続けたほどであった。

その中心人物であった織田会長が、突如、神戸山口組の一部の直系組長や神戸山口組の中核組織、四代目山健組（当時）の一部の直系組長らと共に神戸山口組を離脱したのは、2017年4月のこと。同時に「任俠団体山口組」を結成したのであった。その後、組織名を任侠山口組へと改称。去年4月には、織田会長をトップとした親子の契りを、傘下の組長と結ぶ盃儀式を執り行った。

だが、そこから任侠山口組は表立った活動を行わず、2020年1月には、組織名から山口組の名称を外して、「絆會」と変更させた。異変があったとすれば、その頃からではないだろうか。

「絆會の名称変更にあたって、六代目山口組系列組織では、今後、絆會に対しての組員の引き抜きなどを行わないように呼びかけられたという情報が錯綜し、『六代目山口組側となんらかの話し合いがあったのではないか』『絆會の動きは、今後の分裂騒動を左右するのではないか』などと業界内でさまざまな憶測を呼んだことがあった」（業界関係者）

そこで注目されたのは、組織のシンボルである代紋であった。任侠山口組時代は、六代目山口組や神戸山口組と同じく菱の代紋を使用していたのだが、絆會へと名称を変更させたことで、山口組を象徴する菱の代紋を今後は使用しないと言われていた。だが、現在に至るまで新たな代紋が発表されていないのだ。この状況に「次なる動きへの布石ではないか」という見方も出ていた。そしてここにきて突然、冒頭でも紹介した通り、絆會に関する情報が錯綜し始めたのだ。

「絆會が解散するのではないか」

「絆會が六代目山口組に加入するかもしれない」

「いや、やはり解散はしないようだ」

さらに、絆會の拠点施設のひとつと言われている大阪市中央区にある二次団体本部については、幹部組員らの出入りが激しくなってきていると、関係者の間でも話題にのぼるようになっていくのであった。こうした動きには当局の捜査関係者も注目しているが、「情報はとにかく錯綜している。実際に表面化するのかどうかは別として、何かが起きていた、もしくは起きようとしていたと言えるのではないか。ただ現在の状況では、まだはっきりとしたことはつかめていない」という。

1年近く沈黙を守り続けていた絆會がここへきて、大きな動きを見せるのだろうか。その動向に業界関係者の注目が集まっている。

六代目山口組へまたも名門組織が移籍　〜2020年4月1日

筆者の親分であった二代目大平組・中村天地朗組長は、引退後も常々このように話していた。

「山口組というのは、やはりひとつしかない。ヤクザとしての筋は六代目山口組にしかない」

そうした想いを受け、昨年秋、六代目山口組へ復帰の決断をしたのが、群雄割拠といわれる大阪ミナミで一大勢力を誇っている、平野権太会長率いる権太会であった。

平野会長は二代目大平組の出身で、同組内で最高幹部を歴任していたが、平野会長が服役中に中村親分が引退、それに伴い二代目大平組も解散となった。そのため出所後、平野会長が率いていた平野組は権太会と名を改め、神戸山口組系組織として復帰を果たしたのだった。

だが、その後も陰日向で、引退された中村親分を大切にされていた。そして、常日頃から中村親分が口にしていた「ヤクザとしての筋は、六代目山口組にしかない」という言葉を重く受けとめて、神戸山口組に恩義を感じながらも、六代目山口組へと移籍したのである。

平野会長が移籍したのは、六代目山口組の中核組織、三代目弘道会にあって、分裂抗争の最前線に立ち爆発的な勢力拡大を見せていた野内正博組長（三代目弘道会若頭）率いる野内組であった。この移籍は100人規模という大型のもので、業界内では大きな話題となったのだ。

さらに今回、その権太会に、二代目大平組の伝統を脈々と受け継ぐ組織が加入することになったのだ。それが、二代目大平組本部があった兵庫県尼崎市をはじめ、長野県、鹿児島県、山梨県にまで勢力を伸ばしている、三代目大平組である。

三代目大平組は、二代目組長の中村親分が引退したあと、同組で若頭を務めていた中村彰宏会長が「大平を興す會」として結成した組織、大興會が前身となる。その後、大興會は一時、独立組織として一本独鈷の歩みを経たのちに、任侠山口組へと加入。それに伴い大平組の名称を復活させて、三代目大平組として、任侠山口組の直系組織となっていたのだ。

だが、こうした最中から現在に至るまで、トップである中村会長は、服役中で社会不在を余儀なくされていた。

そんな中村会長の今夏の出所を目前に控え、組織が動き出したのである。絶大な勢力を誇る権太会への移籍。同時に名称を三代目大平組から、発足時と同じく大興會へと改めたのであった。

二代目大平組の組長であった中村天地朗という人は、政治的なことを好まず、とにかく寡黙で誰よりも自身に厳しい親分であった。昔気質で、たった一度の弱音を吐くようなこともしなかった。二代目大平組の組員は、その背中を見て育ってきた。たとえ、山口組分裂という空前絶後の出来事を経て、所属する上部団体がそれぞれ異なることになったとしても、二代目大平組出身の組員たちの絆は、さまざまな垣根を超えて、変わることがなかったのである。

そして今回、権太会の名のもとに大平一門が集結し、初代から脈々と受け継がれてきた伝統を守っていくこととなった。同じ大平一門である筆者としても感慨深いものがある。

現在、山口組の分裂問題は、「特定抗争指定暴力団」に指定されたことによって膠着状態となっている。そうしたなかの今回の移籍は、小さくない影響を及ぼす可能性があるのではないだろうか。

コロナ感染拡大でヤクザの取り締まりが緩和? ～2020年4月15日

現在、「特定抗争指定暴力団」に指定されている六代目山口組と神戸山口組。3月26日には、特定抗争指定暴力団の指定期間をさらに3カ月延長することが発表された。そうした状況下、両団体に対する当局の厳罰化は収まりを見せていない。

3月25日、児童福祉施設から200メートル以内での事務所の開設を禁じた暴力団排除条例に違反したとして、六代目山口組幹部である三代目織田組・髙野永次組長らが逮捕された。織田組の拠点は大阪市中央区となるのだが、「特定抗争指定暴力団」に指定されたことによって、織田組本部が警戒区域となった。そのため、警戒区域外となる東大阪市に拠点を移したと見られていたのだが、今度はそれが暴力団排除条例に抵触したのである。

「問題となった事務所は、もともと六代目山口組の直系組織であった川下組（解散）の本部として使用されていた。その時代は、組事務所として使用していてもなんの問題もなかったんです。それがヤクザへの取り締まり強化が進み、さらに『特定抗争指定暴力団』に指定されたことで、新たに組事務所を開設したとみなされ、逮捕されることになった。確かに表札には、織田企業と表札が掲げられていたので組事務所としての役割を果たしていたのかもしれない。警戒区域内では事務所の運営はできないし、区域外では条例違反だとして逮捕されてしまう。ヤクザに対する厳罰化は日に日に強まっています」（業界関係者）

こうした危惧の声が出ている一方で、犯罪事情に詳しい専門家からはこんな指摘も出ている。

「現在、日本は新型コロナウイルス感染拡大問題を抱えています。それが奇しくも、一時的ながらヤクザに対する厳罰化の緩和につながる可能性もあるのではないでしょうか」

それはどういうことを意味しているのか。

「つまり微罪というか、今回のような条例違反などでは、検挙するほどではないと判断されることが多くなるはずです。4月11日には、東京拘置所内に収容されている被告の新型コロナウイルスへの感染が確認されました。日本ではまだですが、すでに海外では刑務所内での感染でクラスターが発生するケースが複数発表されています。刑務所や拘置所のみならず、矯正施設は人が密集しているために感染拡大リスクが高い。この時期、あえてそうした場所に感染の有無がわからない人間を新たに収容したり、密集度を高めたりするようなことを当局もしたくはない。特に、ヤクザの行動履歴は不透明な点が多く、こうした時期にも外出自粛要請など関係なく活動している者も少なくない。一般的な犯罪者より、感染リスクが高いと考えられても不思議ではありません」

もちろん、抗争事件や重大な犯罪を犯せば、現在の状況だからといって逮捕を免れるなんてことはないだろう。だが、例えば、「特定抗争指定暴力団」に指定された六代目山口組や神戸山口組では、組員が警戒区域で組事務所に立ち入っただけで逮捕される対象になるが、こうした微罪を犯した組員を収容することで新型コロナウイルス感染の二次災害を招く恐れがあるのなら、取り締まりが緩和される可能性は確かにあるのではないか。つまり、それは組員が活動しやすい環境が生まれることを意味し、そのことが現在停滞している山口組分裂問題にも影響していくことは十分に考えられるのだ。

新型コロナウイルス問題は、各方面で誰もが想像をしなかった影響を及ぼし続けているのである。

組員を鼓舞する「山口組新報」発行 ～2020年4月15日

2019年10月、六代目山口組・髙山清司若頭が出所し、山口組分裂問題にさまざまな影響を与えたのは記憶に新しい。その直後の2019年12月に刊行された六代目山口組の機関紙である「山口組新報」第20号も「髙山色」が強く、まず巻頭には髙山若頭の写真が掲載されていた。

「さらに、本文には髙山若頭の出所を祝う言葉が綴られていました。そのなかには分裂問題に関する一文もあり、『山口組の若頭が不在という言わば山口組にとっての試練とも言えるなかで、分裂問題によって、それまで見えにくかった箇所も見える機会ともなった』といった趣旨でした。山口組分裂という前代未聞の事態を、逆に組織を見つめ直す良い機会であったと前向きに捉えているように書かれている印象がありました」（裏事情に詳しいジャーナリスト）

そしてこの4月、第21号となる「山口組新報」が直系団体に配布された。同紙を目にした業界関係者によれば、巻頭は山口組の象徴でもある六代目山口組・司忍組長の写真が掲載され、1月に名古屋市内の関係施設で開催された新年会のレポートが記されていたという。

「盛大に執り行われた新年会の様子を伝えることで、当局の厳しい弾圧のなかにあっても、山口組は変わることなく前進しているということを配下の組員たちに伝えることができ、レポートを読んだ組員たちの不安は軽減されたのではないか」（業界関係者）

そうした一方で、権力がヤクザ社会に弾圧を与えることによって生まれる社会の歪みについて警鐘を鳴らす一文もあったようだ。

「不良外国人による犯罪、半グレグループによる特殊詐欺は治安を乱す結果を招いている。そういった社会の荒れた時にこそ、変わらず任侠道を歩み続け前進していくことの重要性が示されていた」（前出の関係者）

つまりは、ヤクザが果たしてきた自警団的な役割を再認識すべきという働きかけであろう。またこの関係者によれば、今回の紙面では分裂問題について言及されることはなかったようだが、権力による弾圧を指摘するこの箇所において、対立する神戸山口組を暗に指しているのではないかとも読みとれる、「落伍者の中傷があったとしても、これまでと変わらずに前へと進む」といった趣旨のことが書かれてあったようだ。

そして2面には、法要や行事報告が、3面には新しく直系組長へと昇格を果たした二代目兼一会・植野雄仁会長と三代目杉本組・山田一組長の挨拶文が掲載されるなど、今回も全8ページによって構成されていたという。

「現在、六代目山口組と神戸山口組は『特定抗争指定暴力団』に指定されており、両組織を取り巻く環境は実に厳しい状態にあるといえます。そうしたなかにあっても従来通りに機関紙を発行し、組織内に強いメッセージを発することには大きな意味があるのではないでしょうか」（ヤクザ事情に詳しい専門家）

ヤクザ社会を取り巻く状況は、六代目山口組に限らず深刻な状況にあるといえる。ヤクザであること自体への厳罰化が進み、組員数も減少の一途を辿っている。だがそうしたなかにあっても、六代目山口組の本拠地のある兵庫県だけは、2019年は前年よりも組員数を増加させているのだ。分裂により一端は組員が大幅に減ることになった六代目山口組だが、そこに復帰や移籍する組員がいたということだろうか。これは、水面下で起きている山口組分裂問題の動きの一端の現れだろう。今回のような機関紙の発行もまた、組織の求心力維持のためには重要な活動なのである。

六代目山口組などが自警団を結成　～2020年4月28日

ヤクザ、暴力団が「反社会的勢力」と位置づけられて久しく、もはや「必要悪」ではないと言われることが多くなった。

社会通念上、ヤクザが「絶対悪」と明確に定義されるのならば、その存在の是非を論じるまでもない。だが、現在、社会も政治もヤクザの存在を許容している。どれだけヤクザに対する厳罰化が加速しても、それはヤクザの行為を締め付けるものであって、その存在自体を違法とはしていない。

ヤクザが絶対悪で、存在すべきものではないという社会的合意があれば、権力は結社罪などを作り出し、ヤクザ組織を壊滅させるために動き出すことはできるだろう。海外では、マフィア組織を否定し、そこに身を置くことを違法としているケースもある。しかし、日本のヤクザは今も根絶されることなく存続できている。

日本のヤクザ組織は、海外マフィアとは組織形態や体質が異なっている。あくまで一般論だが、海外マフィアは、組織内に血の結束があったとしても、外部に対しては違う。他者に対して、自己の利益のためなら、罪を犯すことに躊躇がない。だが、日本のヤクザ組織は、精神的な真髄を軸に形成されている。いうなれば、どの組織であっても、根底に流れるのは任侠道なのだ。それは現在、対立関係にある六代目山口組と神戸山口組とにおいても、同じである。仁義を重んじ、自己犠牲を厭わず弱き者を助けるという任侠道を歩むべきと結成された組織を、社会は否定しないし、絶対悪とはしない。

終戦直後の日本は、現在の「新型コロナウイルス問題」などとは比較にならないほどの国難に見舞われていた。治安においてもそうだ。だが、混乱する戦後、社会に一定の秩序が保たれたのは、ヤクザが組織的に自警団の役割を果たしていたからだ。その後も、現在に至るまで治安維持の一端を担ってきたのは事実である。それは為政者のみならず、市民もが無意識のうちに認めてきたのではないだろうか。ヤクザが抱える任侠道を求めてきたのだ。

そして今、その任侠精神が全国各地で発揮されている。

現在の日本は、新型コロナウイルスの感染拡大を防ぐために、外出自粛要請がかけられており、飲食店を始め、どの企業や事業も経済的に大打撃を受けている。経済的に追い詰められれば、必然的に治安は悪化する。犯罪が生まれやすい状態が生じているのだ。

例えば、現在、全国各地で休業店舗やオフィスへの空き巣の被害が多発し、コロナ問題を逆手にとった悪質な特殊詐欺が蔓延している。愛知県では、学校が臨時休校となったため、子どもが1人で自宅の留守番をしていたところ、2人組の男がガラスを割って侵入し、現金やクレジットカードを盗むという強盗事件まで起きている。そうした犯罪を少しでも防ぐために、ヤクザ組織が各地で立ち上がっているのは、あまり知られていない。

「現在、六代目山口組と神戸山口組は『特定抗争指定暴力団』に指定されており、警戒区域では組員が集まることができない。そのため、少人数のグループを何組もつくり、自警団として警戒区域内の見回りを続けている」（業界関係者）

決して報道されることがない動きではあるが、これこそがヤクザにとっての義侠心というものなのだ。また、ある組幹部は、全国民に一律給付される10万円についても、このように語っている。

「当たり前だが、我々が受け取るわけにはいかない。どうしても受け取らなければならないのなら、どこかに寄付させてもらう」

もちろん、ヤクザのなかでも考え方は人それぞれだろう。だが、多くのヤクザがこれまでも国難に対して立ち上がってみせたのは事実だ。震災が起きれば、たとえ売名行為だと揶揄されても、物資支援や炊き出しなどを行ってきた。年々、社会から排除されていく存在になっていたとしてもだ。

「困っている時に助け合うのは当たり前のこと。それを世間がどう取るかは関係がない。好きなように言えばよい」（某組織幹部）

ヤクザが、必要悪か否かを論じる必要はないだろう。「困った時に助け合うのは当たり前のこと」。社会では希薄になりつつあるこの言葉をヤクザが持ち続ける限り、その存在がなくなることはないのではないか。

新型コロナで受刑者を釈放？

現在、どの刑務所からもこんな声が聞こえてきている。新型コロナウイルスの感染拡大のため、受刑者の一部を一時的に釈放してもいいのではないか、というものだ。

実際、米国や中東などでは、数千～数万の囚人を釈放したり、自宅で服役させたりするという措置が取られていることもある。だがそれらのケースは、すでに刑務所内でクラスターが発生するなど爆発的感染のリスクが高まっているという事情を汲んでのことで、日本の現状では、突然、何百人もの受刑者が社会へと解放されることはないだろう。日本の司法制度は、いったん受刑者の身体を拘束すれば、あらかじめ決められたスケジュールに沿うことが原則であり、突然釈放されるようなことなどまずない。

ただし、新型コロナ問題が刑事施設に対して影響を及ぼしていないかといえば、そんなことはない。東京拘置所や大阪拘置所では、刑務官や収容者が新型コロナに感染するケースが出ており、結果、収容者への面会や差し入れに制限がかかる事態となっている。

「現在、全国の刑務所や拘置所では、原則として、収容者との面会はたとえ親族であってもできません。郵送以外での差し入れもできない。弁護人との面会は可能ですが、面会室の仕切り用のアクリル板の空気穴を防ぐなどして、感染防止の対応策が施されています。また、裁判所においても、法廷と傍聴席を間切りしたり、傍聴席を減らしたりするなどして、人々が密着しないように工夫された上で公判が進められています」（法律に詳しい専門家）

一方で、受刑者を釈放するという措置にまでは至らないものの、新型コロナ感染拡大中に刑事施設への収容者を増やさないために、係争中の刑事裁判において判決を保留することで、実刑者を当面出さないようにするとか、比較的軽い犯罪に対しては、それを見逃したり、あえて身柄を拘束しなかったりといった措置が取られるのではないかと噂されたことがあった。

だが、実際はそんなことはないようだ。現在、空き巣などの被害が多発しているなかで、街中には大勢の警察官が派遣されて、警戒にあたっている。外出自粛で人手が減った街中での当局の警戒は、いつも以上に強まっているとも言えるだろう。もちろん、犯人を発見したのに見逃したり、身柄拘束後に即釈放したりすることはない。裁判所においても、コロナの影響で公判期日が変更になることはあっても、意図的に判決が保留されているということはないようだ。

刑務所への収監や移送についても同様である。保釈されている被告人が実刑判決を受けても、緊急事態宣言期間中は収監されることはないと思われていた。だが、受刑生活に耐え得るかどうか、体調に問題がないかを受刑者本人に確認するだけで、現在も粛々と収監が行われているのだ。

「刑務所や拘置所は、仮に感染者が発生しても、すぐに隔離することのできる状態が日頃から整っている。ゼロではないが、爆発的感染が施設内で起こるリスクは、受刑者の釈放を実施した海外の施設に比べて圧倒的に低い。司法当局も刑事施設の運営や刑事法の運用に支障をきたすことがないよう心掛けているわけだ。逆にこのような国難の際に罪を犯せば、平時よりもさらに重い処罰を受ける可能性があるのではないか」（捜査関係者）

こうした言葉もあるなか、仮にもし刑事施設の運営や刑事法の運用にまで影響が出てくるような事態になるとすれば、それは今よりもなお、コロナ問題が社会全体で深刻化していることを意味する。想像したくもない未来である。

当局の異例判断の背景にあるもの　～2020年5月5日

緊急事態宣言下、結成以来、３度にわたる名称変更を行ってきた「絆會」が結成３年を迎えた。

２０１５年に六代目山口組から離脱し、神戸山口組が誕生。さらに2年後の4月30日に、神戸山口組を脱退し、絆會（結成当時は「任俠団体山口組」。その後「任侠山口組」に改称）が結成された。その後、山口組の分裂騒動の中にあって、織田絆誠会長が神戸山口組傘下組員に襲撃されるという事件などもあったが、最近は沈黙を守り続けている。

「先日まで絆會は、脱反社（反社会的勢力）を目指すために、一旦は解散も視野に入れているのではないかと業界内で取り沙汰されたこともあった。だが、そうした噂も現在では立ち消えている」（業界関係者）

組織名から山口組という名称を外し、代紋からは山口組の象徴ともいえる山菱の紋章まで外した現在、絆會は事実上、分裂騒動から一線を画すというスタンスを明確にした。結成3周年を迎えた4月30日も特別な動きもなく、今後どのような組織運営を行っていくのか、業界関係者のみならず、捜査関係者の間でも注目が集まっている状況だ。

一方、六代目山口組や神戸山口組では、緊急事態宣言下にある繁華街で、一部の組織や組員が自警団的な役割を果たしているということ以外、大きな動きなどは漏れ伝わってこない。両者の対立に伴う動きもなく、ある種の休戦期間に入っているといえる。

「現在、六代目山口組と神戸山口組は『特別抗争指定暴力団』に指定され、当局からの監視や取り締まりが厳しくなっています。さらに、緊急事態宣言が発令されている中、仮に対立抗争が激化すれば、社会的にも両組織への反発が強まり、当局による厳罰化がさらに進むことが予想されます。また、今回の外出自粛要請はヤクザ経済にも深刻なダメージを与えているはずで、その対応を優先しなくてはいけないという事情もあるでしょう」（ヤクザ事情に詳しいジャーナリスト）

一方で、こんな話もある。暴力団排除条例違反容疑などで逮捕・勾留されていた六代目山口組中核組織の幹部ら数人が捜査中に釈放されたというのだ。当局が、容疑を否認している組幹部を起訴・不起訴の判断をする前に釈放することは珍しい。
「そもそも無理筋の逮捕だったようで、起訴までもっていくのは難しいのではないかと言われていた。そこに新型コロナウイルスによるクラスター感染のリスクなどを考慮して、釈放に至ったのではないか。刑事施設内の勾留者の密度を少しでも下げたかったのでしょう。ヤクザの幹部は特に長期勾留されがちですが、異例の対応と言えます」（業界事情通）
新型コロナウイルスの影響は、ヤクザ社会においても拡大し続けているようだ。

コロナ禍と任侠　〜2020年5月7日

5月4日、緊急事態宣言が同月31日まで延長することが決定した。これによって、外出自粛要請や休業要請なども継続することになった。

緊急事態宣言の完全解除には最低でも3カ月はかかると一部専門家筋でもいわれていたことを鑑みれば、今回の延長は想定内でもあった。ゴールデンウィーク明けに解除されるかもという見立ては希望的観測でしかなかったのだ。

逆に言えば、延長可能性は極めて高いなか、それなりの準備期間があったわけなのだから、政府は延長発表と同時に、補償面について具体策を提示し、それらがいつから始められるのか明言すべきだったであろう。

「出口の見えない政策」に意味はない。つまり、どのような段階になれば緊急事態宣言は解除されるのか、また、解除されるまでの期間や解除後、国はどのように国民を助けてくれるのか。解除後、休校・休業要請はどうなっていくのか……そういった点も含め、具体的な方策が示されないままに緊急事態宣言が発令され、さらに延長された。結果、多くの国民が不安を募らせ、困窮に喘ぐ人たちも出てきている。

こうした状況は間違いなく治安を悪化させる。不安に駆られた人々や、非常事態下で脆弱になったセキュリティを突いて悪事を働こうとする輩が犯罪に走る傾向が強まるのだ。実際、休業中の店舗などを中心に空き巣や強盗に入る事案が全国各地で多発している。さらに経済の低迷は長期化必至なのだから、治安の不安定性はさらに増していくと考えるべきだろう。

そうした中で、治安の乱れに一定の抑止力を働かせているのが、六代目山口組や神戸山口組のみならず、いくつものヤクザ組織が立ち上げている自警団の存在だ。組員たちが数人のグループとなり、人通りの少なくなった商店や住宅街などの見回りにあたるという活動が活発化している。
「うちの場合は、自警団というほど大層なことはしていない。ただ、繁華街などの見回りの回数などを増やすようにはなった。もちろん今は抗争などのトラブルを起こしている場合ではない。こういう時にヤクザが人のために動かなくてどうする」（某組織幹部）
こういう時に動かなくてどうする――この言葉の意味はのちに置くとして、現在、六代目山口組と神戸山口組は当局により抗争状態にあるとされながらも、両組織とも分裂問題に関わる行動は自粛状態にあるのだ。すなわち分裂問題のさらなる長期化を意味するとも言える。

先が読めなくなった山口組分裂騒動

２０１９年10月、多大な影響力を持つ六代目山口組・髙山清司若頭らが出所し、神戸山口組陣営への攻撃が激化するなど、分裂問題が一気に解決されるのではないかと感じさせる出来事が立て続けに起きた。

だが、そうした六代目山口組の勢いを止めたのが、当局による法の適用、暴力団対策法に基づく、両組織への「特定抗争指定暴力団」への指定であった。これにより、両組織は表立った活動はほとんどできなくなり、以降、抗争事件と見てとれる派手な衝突も起こっていない。

さらに水面下では、両組織がなんらかの政治的な交渉に入る可能性もあるのではないかと思われていた矢先に、新型コロナウイルス問題が発生。外出自粛などのコロナ対策はヤクザの世界でもご多分に漏れず、また、経済的打撃が両組織を襲っていると思われるなかで、分裂問題についても、先が読めなくなったのが現状といえるのではないだろうか。

「もともとヤクザは身動きが取れないほど、法によってがんじがらめにされていた。新規のシノギなどはかけられないほどだ。従来のシノギですら、合法的なものでも、組織がかかわっているというだけで、いつ検挙され、商売が遮断されるかわからないところまで追い詰められていた。そうした緊迫状態のなかでも、今は組織によっては事務所当番がなくなり、傘下組員にとっての負担が軽減されたり、シノギで稼げなくても、繁華街の警備などにあたったりと、自由な時間とやり甲斐のある任務が増えている。皮肉なもので、こうした国難になってこそ、ヤクザの存在が必要とされていると感じられる一面がある」（某組織幹部）

前述の組織幹部の言葉にもあったが、今後、緊急事態宣言が長引けば長引くほど、ヤクザが抱え続けてきた精神論＝任侠の真髄がクローズアップされていくのではないか。筆者がその道で生きていたから、身内びいきがあると思われるかもしれない。だが、自己犠牲の上で、弱者や困っている人たちを助けようという任侠の真髄は、誰からも否定されないだろう。今回の自警行為だけでなく、各震災後、物質支援や炊き出しを精力的に行うヤクザ組織は数多くあった。

ヤクザであろうがなかろうが、反社会的な活動は決して認められるものではないし、ヤクザがどんなに社会貢献をしても、それは公に語られるものではないだろう。だが、任侠に基づく言葉と行動が、今の社会に必要であることは間違いない。

ヤクザと対極ともいえる、エリート街道をひた走る、高学歴・高収入の筆者の友人は緊急事態宣言発令後、こう話していた。

「国は綺麗事ばかりで、国民を救う政策が全くできていない。もう任侠道しかないですよ。お上は当てにならない。だから、国民が損得感情を捨てて、困っている人、苦しんでいる人を助ける。そのために、自分は何ができるのかを考える。ヤクザが持ち続けてきた信念に頼らなければならないところまで、この国は来ていますよ」

現在、ヤクザは組員であること自体がまるで犯罪かのように扱われ、なにかといえばコンプライアンスを理由に社会から遮断され、ヤクザであり続けることは限界の域まで達しているといえる。それでも、どこまで追い詰められても、ヤクザは存在し続けるだろう。反社会的勢力と位置づけられ、暴力団が糾弾され続けられても、任侠道を生きることをやめない人は絶対に残る、いや残らねばならないはずだ。

もう任侠道しかないですよ——友人にそう口走らせるほど日本社会が困難に直面し、変容してきているとしたら、なおさらだろう。

【コラム】侠の肖像——③

神戸山口組を支える若頭（俠友会・寺岡修会長）

～2018年3月30日

六代目山口組分裂後、同組織へと対抗すべき戦術においての示威的行為や、傘下勢力における伝統ある組織名称の復活など、常に先手を取り続けていた神戸山口組。そうしたつばぜり合いが膠着状態になってからも、六代目山口組に対して神戸山口組は一歩足りとも譲らなかった。その勢いにかげりが出たとするならば、2017年4月、織田絆誠代表率いる任侠山口組の勢力が離脱したときだろう。

特に、結成後に開かれた任侠山口組の記者会見には強烈なインパクトがあり、マスコミもこれを大きく取り上げた。そして、神戸山口組執行部を猛烈に批判した2度目の記者会見。その報復のごとく起きてしまった織田代表襲撃事件。

この事件では、織田代表の警護役を務めた組員が神戸山口組元組員に銃殺されたこともあって、警察当局は神戸山口組にターゲットを絞るかのように、同団体の本部事務所の役割を果たしていた俠友会本部を閉鎖させるなど、厳しい締め付けを行った。

さらについ先日、神戸山口組中核組織である四代目山健組ナンバー3にあたる統括委員長、植野雄仁・二代目兼一会会長が六代目山口組直系の極心連合会へ移籍するという〝事件〟も起こった。

こうしたなかで、「神戸山口組が揺れている」と業界関係者の間で話題になり始めたのは事実だ。だが、これだけのことがあっても、神戸山口組の足元は強固で、当局の締め付けに対しても冷静に対応していると評価する向きのほうがやはり強いようだ。

そんな組織の支柱として、決して忘れてはならない人物が存在する。それが、神戸山口組若頭である俠友会・寺岡修会長だ。

寺岡会長は山口組分裂前の六代目山口組発足当初から、執行部の一端を担う若頭補佐という重職に就き、体調を崩して舎弟に直るまで、組織発展に尽力してきた親分である。

業界でも「筋の通った極道」として定評があり、舎弟に直ってからも「淡路の叔父貴」と呼ばれ、直系組長らから慕われる存在であった。その重厚で独特な雰囲気は、筆者自身も肌で感じたことがある。

「我々は六代目山口組に再び戻ることはない」

これも山口組分裂前のことである。筆者の親分が社会不在を余儀なくされていたため、筆者が阪神ブロック会議に代理出席した時だ。阪神ブロック長であった四代目山健組・井上邦雄組長（現・神戸山口組組長）ら錚々たる親分衆が居並ぶなかで、筆者は席へと着く前に「代理です。よろしくお願いします」と一礼し、末席へと腰を下ろした。

ちょうどその頃、五代目山口組若頭だった宅見勝・宅見組組長射殺事件の容疑者として指名手配されていた元中野会幹部が、16年にわたる逃亡生活の末に逮捕されたばかりで、議題でも「あのような事件は二度とあってはならない」として、取り上げられていた。

その際にも、淡路の叔父貴と呼ばれていた会長には、「叔父貴はどう思われますか？」と議題の度に意見を求められていた。それに対して寺岡会長は決して偉そうにすることなく、手短かに、かつ明確に話をしていたのを覚えている。たったそれだけでも、筆者には寺岡会長が親分衆から慕われているということを窺い知ることができたのである。

その寺岡会長が神戸山口組の若頭に就任すると、その後に任侠山口組が結成されて、組織内外に衝撃が走ったときも微動だにすることなく、こう宣言したと言われている。

「我々は任侠山口組とは立ち上がった理由が違う。六代目山口組に再び戻ることはない」

それは、山口組が３つに分かれるという前代未聞の動乱のなかで、神戸山口組組員に向けた言明だった。この言葉を受け、迷いを捨てた組員らもいたのではないだろうか。

神戸山口組結成に向けては、さまざまなことが想定されていたはずである。盃を割るということは、ヤクザ社会においてどういう意味をもたらすのか、ほかの誰よりも立ち上がった親分衆らが一番理解していたはず。それを承知の上で、神戸山口組は立ち上がってみせたのだ。その中心で井上組長とともに常にいたのが、寺岡会長である。

ほんの数年前、ある用事で、寺岡会長がすでに引退していた筆者の親分を訪ねてきたことがあった。その際にも、寺岡会長は終始、筆者の親分を親愛の情を込めて「兄弟」と呼び続けたのである。人柄というものは、こうしたところに表れるのではないだろうか。

六代目山口組には絶大な影響力を持つ髙山清司若頭が存在する。だが、神戸山口組にも寺岡若頭という親分がおり、この分裂騒動でどのようなことがあったとしても、寺岡

一　若頭の心だけは揺れ動くことがないだろう。

第6章

終結の始まり

「標的」だった幹部が引退 ～2020年5月9日

現在は使用禁止制限がかけられている六代目山口組総本部（神戸市灘区）。その六代目山口組が分裂する以前、二次団体である雄成会（本部・京都市）の髙橋久雄会長は、当番責任者という重責を務めていた。現役時代の筆者がガレージ当番で総本部に泊まり込みに行くと、夜中に駐車場内を黙々と見回る髙橋会長の姿をよく目にしていたことを覚えている。

その後の六代目山口組の分裂に伴い、神戸山口組傘下となった雄成会だが、その髙橋会長が、ゴールデンウィークの明けた5月7日夕刻に京都府警を訪れて、引退を表明したのである。突然の出来事ではあったが、業界内では数日前から、髙橋会長が引退するのではないかという噂が各所で飛び交っていたのは確かだった。実話誌記者が解説する。

「その後、尾ヒレがついたように、髙橋会長だけでなく、某親分も引退するようだ、いや、あの幹部も一緒に辞めるようだ、といったようなさまざまな噂が流れていました。それらは信憑性が高いものばかりではないのですが、最初に引退の噂が流れたのが、髙橋会長だったのは確かです。こうした情報が入った場合、我々のような記者も、以前であれば、すぐに雄成会の本部事務所前へと行き、組員の出入りや事務所の様子をうかがったり内部関係者に話を聞いたりすることで、そうした噂が事実であるか、ある程度裏取りすることもできたんです。しかし、今は事務所に使用制限がかけられているため、そうした取材もできない。そうこうしているうちに、7日に雄成会の本拠地のある京都府警を髙橋会長が訪れ、組織の解散届を提出し、自身の引退を申し入れたことがわかりました」

昨今、「特定抗争指定暴力団」への指定と新型コロナウイルスの影響で、小康状態が続いていた山口組分裂騒動。そんななかでの神戸山口組幹部の引退は唐突感が拭えないものだったが、ある捜査関係者はこう分析する。

「去年、神戸山口組の幹部が立て続けに襲撃される事件が起きた。最初は熊本で、その次が北海道。そして兵庫県尼崎市では、神戸山口組幹部がマシンガンによって殺害された。それらは明らかに、六代目山口組サイドが意図的に幹部を狙い撃ちにしているという動きだった。そして、マシンガンで組幹部を殺害した容疑者は、事件後、現場から逃走を図り、京都府内で逮捕されているのだが、逮捕後にはっきりと『髙橋会長を殺害しようとしていた』と供述しており、実際に容疑者が使用していた自動車内には、自動小銃や拳銃のほか、実弾も見つかっていた。つまり、身柄が確保されていなければ、髙橋会長を襲撃していた可能性は極めて高かった。その後、六代目山口組サイドが髙橋会長の周辺を探っているという噂まであった。高橋会長の心中を察すると、そうしたことも、今回の引退に関係しているのではないか」

もちろん、これは捜査関係者の推測であり、引退の真相がどこにあるのかはわからない。だが、髙橋会長の引退が、今後、神戸山口組内部になにかしらの影響を及ぼすことは間違いないだろう。さらに、表面上は沈静化している山口組分裂問題も、水面下では大きな動きが起こり始めていると見るほうが自然なのかもしれない。

権太会が分裂問題の台風の目に　～2020年5月12日

日本社会をどん底へと突き落としたコロナ問題、ここへ来て徐々にではあるが、収束の方向に向かいつつある。そうしたなかで、膠着していた山口組分裂問題にも、水面下で動きが起き始めているというのだ。

「緊急事態宣言が継続されるなかでも、ゴールデンウィーク明けの5月7日から世間が少しずつ動き出した。繁華街にも人が出始めている。そうした世間の動きと歩調を合わせるかのように、六代目山口組も動きを見せている。7日に六代目山口組サイドでは執行部会

を開催したようだ」（業界関係者）

さらに六代目山口組では、ブロックごとに事細かな通達が発せられているという。「解散した神戸山口組系組織の組員の処遇や、山口組新報（機関紙）の流出の厳禁などについて、ブロックごとに通達を出して、執行部の意向を周知させている。『特定抗争指定暴力団』に指定された上、コロナ問題もあって、表立った活動はしにくい状況ではあるが、裏ではしっかりと統治機能が働いている」（同）

また、傘下組織にも大きな動きが起きている。六代目山口組の中核組織、三代目弘道会系野内組にあって、今や大阪随一の繁華街「ミナミ」で盤石な地盤を築き上げた権太会が、またしても勢力を拡大させたというのである。

この春にも、三代目山口組時代からの名門組織、二代目大平組の流れを受け継ぐ「大興會」が、同じく大平組出身の平野権太会長率いる権太会に加入した。平野会長が六代目山口組のもとで、一度はそれぞれの道を歩んでいた〝大平一門〟をまとめ上げたのだ。

その権太会が、今度は関東のある組織を吸収し、関東圏に2つ目となる、あらたな支部を置いたというのだ。「破竹の勢いとはまさにこのことではないか。大興會は絆會（旧・任侠山口組）傘下だったが、今回は、神戸山口組サイドの中核組織傘下の勢力を吸収したというのだ。その組から権太会に登録させた組員数は最低限に抑えたという話だが、関係

者まで含めれば相当な勢力拡大と見て間違いないのではないか」（関東在住の関係者）

権太会が、六代目山口組の四次団体という立ち位置ながら、関西を拠点に関東にまで勢力を拡大し続けている要因とは、いったいなんなのか。それはやはり、平野会長の人柄、資質によるところが大きいのではないだろうか。平野会長をよく知る関係者はこのように語る。

「最大の魅力は、行くと決めた道は必ず行くという、決して揺るがない姿勢だろう。権太会は任侠山口組時代や神戸山口組に在籍していた時代もあるが、どちらの組織でも前線で戦い続けて、力でのし上がってきた。その都度、多くの幹部組員が検挙され、今もなお社会不在を余儀なくされている。それでも組員が戦い続けられるのは、その後の組織としてのバックアップがしっかりしている表れだろう」

戦うと決めたら、徹底的に戦う。傷ついた者がいたら、徹底的に守る……そこに、平野会長のヤクザとしての魅力があるというわけである。

筆者がまだ20代の頃。大阪でも西成区という街は激戦区であった。そこでも平野会長はどんな組織とバッティングしようとも、一切引くことなく「ゴン太じゃ！」で押し通してきた。今でも変わらぬ、時代や力に流されないその姿に、多くの男たちが惹きつけられるのではないだろうか。

そして、義理堅い。それは、平野会長の出身母体、二代目大平組・中村天地朗親分の背中を見てきたからではないだろうか。現役時代の筆者を従えていた中村親分は、とにかく義理堅い人であった。それは、引退した今も変わることがない。そうした姿勢を平野会長が受け継いでいるからこそ、中村親分引退後、一度は離散した大平一門が権太会に集結したのだ。そして、その権太会に、今度はまた違う勢力が加入した。

山口組分裂問題において現在、権太会は最前線に立ち続けている組織のひとつと言えるのではないだろうか。

神戸山口組で立て続けの引退劇 〜2020年5月19日

前述のようにゴールデンウィークが明けると、京都に本拠地を置いていた神戸山口組の幹部だった雄成会の髙橋久雄会長（当時）が突如、京都府警を訪れて、自身の引退と雄成会の解散を届け出た。それを受けて、六代目山口組サイドからは、雄成会や髙橋元会長に今後手出しはしないようにとの通達が各傘下組織に回されたと言われている。

つまり、髙橋元会長たちはカタギになったので、もう六代目山口組の敵ではないということを宣言したようなものである。逆に言えば、髙橋元会長は六代目山口組から〝狙われていた〟ため、それを避けるべく引退という道を選んだとも言える。ただ、そうした選択をした髙橋元会長に、神戸山口組サイドが下した処分は「破門」であった。

「髙橋元会長自身の引退や率いた組織の解散は、独断で行ったものではなく、京都府警に出向く前には、神戸山口組の上層部にその意向を伝えにいったと言われている。ただ、のちの髙橋元会長に対する破門処分を考えると、上層部とは、話し合いが円満に進んだわけではなかったのかもしれない」（捜査関係者）

ちなみに、髙橋元会長の破門情報が流れたのち、そのことを記した神戸山口組本部名義の破門状が出回ったのだが、これは偽造ではないかと業界関係者の間では話題となった。これまで神戸山口組から発行された回状とは、字体などにやや異なる点があったからだ。

「今回の破門状は偽物という話だが、髙橋元会長の破門自体は間違いないようだ。しかし、神戸山口組サイドで起きた、幹部の動きはこれだけではない。髙橋元会長の破門後まもなく、神戸山口組で舎弟を務めていた徳誠会・大澤忠興総裁も引退を表明したのだ」（地元関係者）

つまり、神戸山口組の執行部に名を連ねる幹部が立て続けに同組織を去ったのである。普通に考えるとこれはただごとではないが、ヤクザ事情に詳しい専門家はこう指摘する。

「神戸山口組の直系組長2人がほぼ同時期に破門と引退ですから、インパクトがあります。ただ大澤総裁が率いていた徳誠会は、ナンバー2である会長も神戸山口組の直系組長を務めており、組織もそのまま継続されている。ですから、大澤総裁の引退は、後進に道を譲るための既定路線だった可能性もあります。それでも、髙橋元会長の引退、雄成会の解散というタイミングと重なったことで、神戸山口組内部で何かが起きているという印象を与えたのでしょう。実際、ことの真相はわかりませんが、最近は六代目山口組サイドに、某独立組織の上層部がたびたび訪れているという噂もあります。その独立組織は、神戸山口組との関係が深いと見られていましたから、水面下ではやはり何かが起こっているのではないでしょうか」

山口組分裂問題は、新たな局面を迎えつつあるのかもしれない。

三代目弘道会が急速に勢力拡大　〜2020年5月26日

最近はその活動が表立って聞かれることがなかった六代目山口組のトップ、司忍組長が5月下旬に入り、ある場面に姿を見せたのではないかといわれている。六代目山口組と親睦を深める福博会（福岡県福岡市）の上層部らが、六代目山口組で舎弟頭を務める二代目伊豆組・青山千尋組長らと六代目山口組上層部を訪ねた際に、司組長も姿を見せたのではないかというのだ。

「今回、福博会が代替わりをするため、同じ福岡に拠点を置く二代目伊豆組の青山組長とともに、六代目サイドに挨拶に訪れたようです。福博会の後見を髙山清司若頭（六代目山口組若頭）が務めており、そうした関係は現在も続いています。もちろん、分裂後も福博会は変わることなく、六代目山口組を支持し続けています」（ヤクザ事情に詳しいジャーナリスト）

このことについて、長年ヤクザを取材している記者からは、こんな声が聞こえている。

「以前であれば、こうした大きな行事がある際は、六代目山口組の総本部前で記者たちが張り込むのが常でした。しかし現在は、六代目山口組が『特定抗争指定暴力団』に指定され、総本部も使用禁止の措置を受けています。加えて、このコロナ問題でしょう。事前に人の動きもつかみづらくなり、情報も漏れにくくなっています」（実話誌記者）

そうしたなかで、福博会の代替わりの挨拶の場に司組長が姿を見せたという。六代目山口組トップの動向が久しぶりに漏れ伝わってきたわけだ。昨今の情勢を踏まえて、神戸山口組との衝突といった動きのみならず、組織内部の活動も沈静化しているように見えていた六代目山口組だが、トップの稼働を伴う組織中枢の運営は問題なく機能し、また活発化している表れと言えるのかもしれない。

また、そうした点を裏付けるかのように、福博会側が六代目山口組サイドを訪ねた翌日にも、六代目山口組では大きな動きがあったようだ。

三代目弘道会の若頭を務める野内組の野内正博組長。その野内組に昨年加わった権太会が現在、勢力を拡大し続けていることは既報の通りだが、同組織にまた新たな勢力が加入したというのだ。

「今回も、神戸山口組系組織の一部の勢力が、権太会へ移籍したようだ。実際、もう権太会の組員を正確に把握するのは難しい。それほど、急速に組織が拡大し、その勢力は関東にまで及んでいる。ただ、移籍はそれだけではなかったようだ。権太会に新勢力が加入した翌日に、同じく野内組傘下の二代目北村組に、絆會（旧名・任侠山口組）で直参だった某組織のトップが移籍したという話だ。ここに来て、野内組の勢力拡大には目を見張るものがあると言えるのではないか」（業界関係者）

つまり、これは六代目山口組の屋台骨を支える弘道会が拡大していることを意味している。六代目山口組の分裂当初こそ、各陣営間でさまざまな移籍があった。だが、最近飛び交う移籍にまつわる情報のほとんどは、対抗勢力から六代目山口組サイドへの移籍に関するものとなっている。すなわち、分裂から5年もの歳月とそれに伴う情勢の変化によって、一度は袂を分かった組員たちが六代目山口組へと〝復帰〟し始めているということを意味している。

表面上は派手な抗争などは起きていない山口組分裂問題だが、水面下では次なる変化が着実に進んでいるのではないだろうか。

再び岡山で銃撃事件が発生 〜2020年6月1日

山口組分裂問題はここ数カ月、明らかに沈静化していた。そんななか、まるで緊急事態宣言が解除されるのを待っていたかのように、岡山県で銃声が響いた。5月30日、岡山市にある神戸山口組直系池田組の本部事務所では、故・高木昇若頭の法要後に組員らが集まっていた。その現場で引き金がひかれたのだ。

高木若頭は、2016年5月31日、三代目弘道会傘下の三代目高山組系元組員によって射殺された。六代目山口組が分裂して以降、面識のない神戸山口組系幹部を狙うという〝ヒットマン〟による最初の事件でもあった。この射殺事件の容疑者となった元組員は無期懲役が確定し、現在は刑務所に服役しているが、事件直後は現場から逃走している。そのため、当初は実行犯に対して業界内でさまざまな憶測が駆け巡った。

そのなかには、「ここ最近、鳥取ナンバーの不審車両が岡山市内で目撃されている。もしかすると犯人は、大同会（鳥取を拠点とする六代目山口組の二次団体）の組員ではないか」といった声があった。そうした見方を裏付けるように、池田組と同じく岡山市内に本部を置き、同組とは対立していた六代目山口組直系二代目大石組の態勢が手薄になっていたことから、六代目山口組で本部長を務める森尾卯太男会長率いる大同会などが、大石組へ応援に入っていたのだ。そのため、池田組サイドと大石組・大同会サイドの緊張感はさらに高まっており、そうしたなかで、高木若頭の射殺事件が起きた。

だが、その後、犯人が出頭。大同会が高木若頭射殺事件に関与していなかったことが判明したのだが、事件から4年の月日が経ち、前述した高木若頭の法要後に再び銃声が鳴り響いたのである。

今回の銃撃事件で、銃弾を受けたのは池田組幹部。発砲したのは大同会の若頭代行を務める幹部だった。奇しくも、狙われた池田組幹部は高木若頭の後任となる若頭だったのだ。「発砲された池田組若頭は命に別状はなかったものの、その後の手術は3時間にも及んだという話があるほど。それを見ても、犯人は脅し目的ではなく、初めから若頭の命《タマ》を取る

ことが目的だったのではないだろうか」（地元関係者）
身体に銃弾を撃ち込むということは、この関係者が言うように、殺意を持って犯行に及んだと見て間違いないだろう。それも、山口組分裂抗争で凶弾に倒れた高木若頭の法要直後にである。組織的な犯行か、大同会幹部個人によるものなのかは、今後の捜査の進展を見ないとわからない。
だが、形勢有利と伝えられてきた六代目山口組サイドが、今回あらためて強行姿勢を示したことで、分裂問題が大きく進展することは想像に難くない。むろん、それに対する警察当局の締め付けは強化され、厳罰化はさらに進むだろう。
「それは、承知の上ではないでしょうか。そもそも今回の発砲事件は、岡山県警のみならず兵庫県警なども警戒態勢を敷いているなかで起きました。しかし、犯人はお構いなしに犯行に及んだ。今後、当局の締め付けが厳しくなったとしても、ここで大きなアクションを起こし、早期に分裂抗争に終止符を打たなければならないという、六代目山口組サイドの強い意志の表れとも見てとれます」（地元記者）
今回の発砲事件が、分裂問題にどのような影響をもたらすのか。さらに〝早期決着〟を目指し、六代目山口組サイドによる攻撃は続くのか。これに対する神戸山口組サイドの報復は起きるのか。緊急事態宣言が解除され、社会が日常を取り戻そうとするなか、両組織における緊張状態は一気に増してきている。

銃撃事件直後に髙山若頭は……　～2020年6月8日

前述の銃撃事件から1週間が経過したが、今のところ六代目山口組サイドによるさらなる攻撃や、神戸山口組サイドによる報復とおぼしき事件は起きていない。
ただ、事件後しばらくしてSNSで拡散された発砲の状況を収めた動画については、業界関係者の間でも、さながら映画のワンシーンのようだったとする声が囁かれ、大きな話題となっている
「拡散された動画は、池田組の本部事務所に備えつけられていた防犯カメラによる映像でした。池田組本部から少し離れた駐車場に車を停めた大同会の若頭代行が歩いてきたところから始まり、別の駐車場で雑談していた池田組若頭に近づいて、拳銃を構えます。するととっさに池田組若頭は、大同会若頭代行に立ち向かっていくのです。そこで腹部に発砲され転倒するのですが、それでもすぐに立ち上がって、逃げる大同会若頭代行を追いかけようとする。その後、カメラは切り替わり、大同会若頭代行を別の池田組組員らが追いか

け、駐車していた車の運転席に若頭代行が乗り込むと、池田組組員が強引に助手席に乗り込み、そのまま車は発進。結局、助手席の池田組組員は車から振り落とされるのですが、その一部始終が映っている動画でした。あそこまで攻防の一部始終が映っている動画を目にできるとは、いくらSNS隆盛の現在でも珍しいと言えます」（長年、ヤクザ取材を続ける記者）

確かに、事務所や関連施設、その周辺などで発砲事件が発生すると、その直後から防犯カメラに残された映像が出回ることは、昨今の特徴ともいえるかもしれない。だが、そうした事情を考えたとしても、今回の岡山県内での発砲事件の模様はあまりにも鮮明に残されており、貴重な動画といえるだろう。

この事件に端を発したさらなる攻撃や報復はないものの、すかさず動きを見せたところもあった。分裂抗争の抑止力となるべき警察当局だ。

事件から6日目となる6月5日に、両組織の衝突が一般市民に被害を与える可能性があるとして、岡山県岡山市の池田組本部や鳥取県米子市にある大同会事務所など関連施設3カ所に暴力団対策法に基づき使用制限をかけたのである。

「分裂抗争にかかわる事件が起きれば、こうして事務所や関連施設をすぐに使用できなくさせる措置を、今後も当局ではとっていくだろう。それでも事件が起きる時には起きるし、それが組織運営にまで影響を及ぼして組員の動きを封じ込めているかといえば、そうではない。使用できなくなった主要施設外で活動するので、逆に組織内部の動きをわかりにくくさせている面だってある。

また、あまり大きな声では言えないが、事務所内での当番などが免除されるので、内心ホッとしている組員がいるのも実情だ。これは、事務所の使用制限だけを受けてのものではない。コロナ問題が勃発し、密集を防ぐために泊まり込みの当番などを一時的に取りやめた事務所だってある。正味な話、その間は身体の自由がきくようになるため、喜んでいる現場の組員もいるのは確かだ。なにしろ分裂問題にしてもコロナ問題にしても現在は非常事態で、これが永続的に続くというものでもない。いざという時に対応できる体制さえ取れていれば、そこまでの支障はない」(某組織幹部)

それを象徴するかのように、六代目山口組は確かに通常通りの運営ができていると言える出来事があった。

岡山県と鳥取県で新たな事務所使用制限がかけられた日、六代目山口組の事実上の最高指揮官、髙山清司若頭らは、稲川会総裁の誕生日を祝うために、東京・六本木にある稲川会本部を何事もなかったかのように訪れ、待ち構えていた報道陣の前に堂々と姿を見せているのだ。

同日にはほかにも、六代目山口組の中核組織、三代目弘道会の若頭である野内組・野内正博組長が、川崎市に拠点を構える稲川会系の四代目山川一家を訪ねているし、福岡県に本拠地を置く独立組織・福博会の継承盃儀式には、同組の後見を務める髙山清司若頭の名代として、六代目山口組若頭補佐である弘道会・竹内照明会長が出席している。このように、六代目山口組の上層部では、最近は日常的な組織運営が行われていることがうかがえるのだ。

岡山での事件後、今日までの静寂ぶりを見ると、六代目山口組と神戸山口組の対立は、警察当局の動向を考慮しつつ、今後しばらくは再び膠着状態に突入すると見る向きもある。だが、抗争事件が起きる時はなんの前触れもなく発生してきているのも事実。時としてマシンガンが使用されるような事件すら突如起きたのだ。それらを踏まえると、明日何が起きても決しておかしくはない状況が続いている。

さらなる厳罰化を前に沈黙 ～2020年6月23日

現在、六代目山口組では情報漏洩に対して徹底した防止策が敷かれている。ヤクザ取材を専門とする雑誌記者もこう話す。

「最近はまったく情報が漏れてきません。これまで世間話程度なら口を開いてくれていた組関係者も、今は固く口を閉ざし始めました。情報が外部に漏れないようにほぼ完璧に統制されていると思われます」

そもそも山口組については、そのシンボルとなる菱の代紋に由来して、「菱のカーテン」と表現されるほど秘密主義が貫かれ、外部に情報が漏洩しないように徹底されていた。それが、分裂問題に伴うガバナンスの脆弱化やSNSの普及により、これまででは考えられないほど、内部の情報が細かく、早く流出するようになってしまっていた。

「こうした状況を改善すべく、昨年10月に社会復帰を果たした髙山清司若頭が中心となり、情報統制が徹底されてきた。結果、表向きは静かに見える現在の六代目山口組だが、その裏でどういう動きが起こっているのか漏れ伝わってくることがほとんどなくなっている。特に『特定抗争指定暴力団』に指定されていることでもわかる通り、対立する神戸山口組との間で、いつ何が起きてもおかしくない状況は続いており、ちょっとした情報漏洩が相手を利することにつながる。さらに厳罰化も進むなか、当局に付け入る隙を与えるようなことも避けなければならない。平時に比べてシビアになるのは当然で、そのために各傘下組織への指示を強化し、引き締めているのではないか」（業界関係者）

ただでさえ、今は六代目山口組総本部をはじめとした主要組織に組事務所は使えず、組員が集まることがなくなった。結果、どのメディアも組員らを取材するのが極めて困難となってきている。その上で、さらなる情報統制の強化。情報が表に出てこないのは当然である。

だが、情報が漏れようが漏れまいが、そうしたなかにあっても、当局による締め付けは確実に進んでいる。5月30日に岡山で起きた、神戸山口組系幹部が六代目山口組系幹部に拳銃で襲撃された事件を受けて、警戒区域が追加される見込みだ。新たに警戒区域に指定されると見られているのが、兵庫県南あわじ市、岡山県岡山市、愛媛県四国中央市、鳥取県米子市、島根県松江市、愛知県あま市。主に岡山の銃撃事件の当事者組織やその傘下組織が関連施設を構えるエリアを対象にしているが、あま市については、六代目山口組幹部が同市内にある関連施設を主に利用していることが理由のようだ。

まず兵庫県、愛知県以外のそれぞれの県で、六代目山口組、神戸山口組を「特定抗争指定暴力団」に指定し（兵庫県、愛知県は指定済み）、前記した市を警戒区域に設定することになる。これについて、ヤクザ事情に詳しい専門家はこのように指摘している。

「今回、岡山での銃撃事件があったからこそ、当局は両組織による抗争エリアが拡大したと解釈し、警戒区域を追加するわけです。逆に言えば、六代目山口組サイドでは、こうなることはわかっていながらも、あえて仕掛けたとも言えます。つまりは、いくら当局の取り締まりが進もうが、実力行使で分裂問題を早期に解決させるという強い意志の表れでしょう」

対する神戸山口組サイドの動向はどうなのか。

「現在のところ、岡山の銃撃事件の報復に動こうとしているような不穏な空気は伝わってきていない。ただこればかりは、本当にわからない。静寂が続いているかのように見えて、突然起きるのが抗争事件だ。それよりも、その動向が気になるのが絆會（旧称・任侠山口組）ではないか。絆會は『特定抗争指定暴力団』にも指定されておらず、一時は解散説も流れたことがあった。絆會への名称変更後、いまだに組織の代紋も発表されていない。今後、どのような活動形態をとっていくのか、現在のところまったく聞こえてこない。沈黙を続ける彼らの動きは、分裂問題の動向とも無関係とはいえないはずだ」（前出の業界関係者）

当局による厳罰化に反比例するかのように情報が出にくくなり、表面上は静かになっていく山口組周辺。「菱のカーテン」の向こうでなんらかの動きが起きている可能性は否定できないが、今後を予想するのは困難な状態が続いている。

弘道会に起きた衝撃の移籍劇 〜2020年6月25日

六代目山口組の中核組織、三代目弘道会。そのなかでも昨今ひときわ勢力を拡大し続けているのが、弘道会で若頭を務める野内正博組長率いる野内組ということになるだろう。六代目山口組分裂後、野内組長および野内組はたびたびその存在がクローズアップされ、組織内での影響力も右肩上がりを続けてきた。そんな野内組長について、過去に刑務所で寝食をともにしたことがある関係者はこう話す。

「与えられた仕事は決して手を抜くことなく、リーダーシップを発揮し率先してこなす。その規範的な務め方は武士そのもの。関西の刑務所だったが、野内組長がその工場にいるだけで、受刑者のみならず刑務官もピリッと引き締まるほどの存在感があった。ヤクザが男として受刑生活を送る上で、手本となるような人物だった」

野内組は、岐阜県岐阜市を本拠地としている。関西の刑務所といえば、いわばヨソの地域ということになる。とりわけ刑務所というところは、地元の受刑者が顔役として幅を利かせやすい環境にあるのだが、野内組長はそんな〝アウェー〟でも特別な存在であったという。カリスマ性という表現は安直かもしれないが、そんな魅力ある人柄が多くの人を引き寄せ、現在の野内組の隆盛につながっているとの見方も強い。

「六代目山口組分裂後、一時は同組と対立する陣営にいたものの、のちに野内組へと移籍することになる二代目北村組・西川純史組長も、そんななかのひとりだろう。西川組長も当時、野内組長と同じ工場で務め、一目置かれるような存在だったが、そうした大物も野内組長に惹かれていったのではないか」(同)

そんな野内組の勢いを象徴しているのが、昨年同組に加入した平野権太会長率いる権太会である。昨今のヤクザをとりまく厳しい情勢により、組員の減少や解散などに直面する組織が多いなか、権太会は六代目山口組の四次団体という一見、下部に思えるポジションながら、組織関係者が200人に迫るという驚異的な拡大を続けている。それはひとえに、平野会長の存在感の大きさが影響していると言えるだろうが、そんな権太会において、またも業界内がざわめき立つ移籍が実現したという。

6月20日付けで、神戸山口組の主力団体で舎弟に名を連ねた組長が権太会へと加入を果たし、同時に野内組の名誉職ともなる「相談役」に就任したというのだ。さらに同日付けで、神戸山口組傘下組織の幹部組員も舎弟として権太会への参入を表明。あわせて、野内組長直系の若い衆として、野内組の直系組長になったというのである。

この移籍が、なぜ業界関係者の間で大きな話題になっているのか。ヤクザ事情に詳しいジャーナリストはこう説明する。

「昨年、六代目山口組による神戸山口組への攻撃が激化した時、今回、神戸山口組系組織から権太会に舎弟として移籍した組員は、報復として弘道会系幹部を襲うという犯行に及び、現在、社会不在を余儀なくされています。また、それ以前にも組のために身体を賭けたことがある名の知られた武闘派。その人物が、これまで対立してきた弘道会系組織へ移籍したのですから、驚きが広がるのは当然です。

また、今回、権太会の最高顧問に就いた組長の下にいた若頭も、かつて弘道会系組織へと攻撃をしかけ、現在、社会不在を余儀なくされています。その若頭も大阪では有名な人物。つまり、今回移籍した組長らは、六代目山口組との抗争の最前線にいたということ。その勢力が敵陣に移籍したのですから、インパクトとは大きいです」

業界内では、どうしてこのような移籍劇が起きたのか、さまざまな憶測が飛び交っているようだが、真相は不明だ。だが、野内組、権太会を筆頭に、ここに来て弘道会の求心力が高まっていることは事実だろう。というのも、弘道会への移籍はこれだけにとどまらず、絆會（旧称・任侠山口組）で直参を務めていた会長も、弘道会系小澤組への移籍が決定したというのだ。

「神戸山口組サイドでは、そうした現象に歯止めをかけるべく通達を流したと言われています。六代目山口組サイドへ復帰を果たす組員が立て続けに出たことに、危機感を抱いているということではないでしょうか」（実話紙記者）

また、絆會は沈黙を守り続けている状況だが、ここに来てある噂が再び囁かれているという。それは、絆會が組織の今後を左右する重大な発表をするのではないかというものだ。

分裂が勃発して、まもなく丸5年になる。弘道会への求心力の高まりは次なる段階への前兆なのかもしれない。

五代目山健組が離脱！　～2020年7月10日

神戸山口組の中核組織といえば、五代目山口組時代に「山健にあらずんば山口にあらず」とまで言われた山健組である。渡辺芳則・五代目山口組組長や井上邦雄・神戸山口組組長も同組の出身だ。

逆にいえば、山健組が立ち上がり、中心になって六代目体制に反旗を翻したからこそ、神戸山口組の発足を可能にしたといえるだろう。

その山健組に過去、綻びが生じたことがあるとしたら２０１７年のことだ。当時、山健組副組長で、神戸山口組においても若頭代行という要職にあった織田絆誠・絆會会長らの離脱ということになるだろう。その際、山健組からは、織田会長と共に約3分の1の直参組長らが離脱、同組内に激震が走ることになった。

しかし、それでも山健組の屋台骨は揺らぐことはなかった。新たな最高幹部を登用するなどし、体制を強化させてみせたのだ。

そして、2018年まで井上組長が山健組組長も兼任していたが、同組で若頭を務めていた現・五代目山健組の中田浩司組長に跡目を継承し、新体制を発足させたのだ。

だが、昨年、またしても山健組に衝撃が走る。その中田組長が、神戸市内で起きた弘道会傘下の組員に向けた発砲事件の実行犯として殺人未遂容疑で逮捕、起訴されたのだ。中田組長は、現在に至るまで社会不在を余儀なくされている。

そうした状況にある山健組について、数日前から、業界内にはある噂が錯綜していた。それは「もしかすると、山健組が割れるのではないか」というものであった。

「7月8日のこと。山健組の、それも保守本流といわれる組織や武闘派として知られる組織などの一部勢力が執行部に不満を持ち、なんらかの動きを見せるのではないかと話題になった。そして、9日には山健組から重大発表が出されるようだという情報が飛び交った」（業界関係者）

この話は兵庫県警も知るところとなり、事実確認に追われることになった。また、六代目山口組サイドでも、これに関連する通達が出た組織もあったといわれている。

「山健組では、6月に会合を開いた際、傘下組織から会費の減額要求などが議題になったという話がありました。今回は、それにおヒレがつくような形で、減額に応じない執行部に反発した傘下組織が離反するようだといった情報が駆け巡っていったようです」（ヤクザ事情に詳しいジャーナリスト）

ただ、こうした噂に対して、その日のうちに山健組サイドから通達が出されたようで、騒ぎは沈静化していくことになる。

「山健組から出されたと見られる通達は『業界内の噂は誤報』というもの。確かに現在、山健組のトップである中田組長は身柄を拘束されている。それも分裂抗争に関与していたのではないかという理由だ。抗争の最前線で最高実力者がカラダを張り、不在となったのだから、残された者たちはより結束力が求められるもの。そんな中、山健組が割れるということは考えられないだろう」（地元関係者）

しかし、重大発表がされると噂された9日になると、この「山健組分裂説」に変わり、今度は「山健組が割れるのではないようだ。実際は、山健組が神戸山口組から離脱するようだ」との情報が飛び交い、衝撃が走ったのだ。

繰り返すが、山健組は神戸山口組の戦力の大半を占める。山健組が六代目山口組から離脱したからこそ、神戸山口組が誕生したとさえ言える。その山健組が離脱することなど、現実としてあるのだろうか。

だが、その後も「やはり神戸山口組からの離脱はないようだ」「いや、山健組傘下のいくつかの組織は離脱するようだ」などの情報が錯綜し続け、ついに10日、山健組が神戸山口組を離脱したというのだ。

「ただ今後、離脱した山健組から神戸山口組に戻る組織も出てくるのではないか」（業界関係者）

一体、山健組に何が起きているのか。予断を許さない状況が続いている。

山健組に走った衝撃 ～2020年7月13日

その後、山健組の脱退騒動は進展していった。その離脱の中心となった組織が、井上組長や中田浩司・五代目山健組組長も会長を務めた、山健組の保守本流ともいえる健竜会だというのである。

7月10日、六代目健竜会は滋賀県内で会合を開き、その席で神戸山口組からの離脱を表明したというのだ。いったい山健組内で何が起きているのか？　ヤクザ事情に詳しいジャーナリストは、このように話す。

「現在、井上組長から山健組の五代目組長を継承した中田組長は、社会不在を余儀なくされています。その中田組長と井上組長との間で確執が生じたというのが、離脱の原因ではないかと言われているようです。結果、中田組長が獄中から、神戸山口組からの離脱を決意し、その指示に従い、五代目山健組から複数の組織が神戸山口組を離脱し、井上組長と袂を分かつことになっているのではないかと見られ、いまだ緊張した状況が続いています」

一方で、このように話す関係者も存在する。

「確かに山健組の一部の勢力は神戸山口組を離脱し、今後は五代目山健組として一本（独立組織）でやっていくという話だが、神戸山口組に残る五代目山健組系組織も多数出てくるのではないかという話だ。その構図は、先代となる四代目井上組長派と五代目中田組長派といった形になってくるのではないか」

どちらにしても、神戸山口組で最大勢力であった山健組が揺れているのは間違いない。

今から3年前、神戸山口組から離脱した織田絆誠・絆會会長。この時にも、山健組の直系組長29人を引き連れての離脱であり、衝撃度は大きかった。ほかの神戸山口組の直系組織とともに「任侠団体山口組」（当時）を発足させたのであった。それが現在に続く絆會である。その絆會でも現在、大きな動きが起きているという。

「織田会長は結成当初から、脱反社を掲げていたが、結局それが当局に受け入れられることなく、指定暴力団として指定されることになった。そのため、近く絆會を解散させ、現在とは異なった形で脱反社を目指す意向を固めたという。それが組織としてなのか個々人によってのものなのか、今のところはまだわからない」（前出のジャーナリスト）

すでに絆會が近々解散する意向にあるということは、一部新聞でも報じられているが、いよいよそれが本格化するというのだ。

山口組分裂から5年の節目を目前に控え、六代目山口組を割って出た組織が大きな変動を見せようとしている。

神戸山口組の中核で何が起きているのか？ ～2020年7月14日

5年前の8月、日本最大のヤクザ組織である山口組が分裂するなど、誰が想像することができただろうか。そうしたなか、六代目山口組から割って出た勢力によって誕生した神戸山口組。普段はヤクザの情勢など報じないマスメディアさえもが、山口組の分裂騒動をこぞって取り上げ、神戸山口組という存在は世間に認知されることとなった。

その神戸山口組の中核組織、五代目山健組の保守本流といわれる六代目健竜会や、四代目山健組体制発足時に若頭を務めた妹尾組などの勢力が、今度は神戸山口組を離脱し、五代目山健組として独立路線を歩むことになったのではないかというのだ。これも誰も想像できなかったはずだ。

これまでも、神戸山口組では多くの離脱者を出してきている。ここ最近も、六代目山口組への復帰が相次いでいるのは既報の通りだ。また、過去には神戸山口組の最大勢力である山健組から、大量の離脱者を出したこともあった。それでも神戸山口組の屋台骨は揺れることなく、存続し続けていた。その理由は、山健組の一定の求心力が維持されているからだとも言えよう。

だが、今回の山健組に入った亀裂は、これまでとは大きく異なる。

神戸山口組を離脱したとされる健竜会は、五代目山口組・渡辺芳則組長や神戸山口組・井上邦雄組長らの出身母体である。その山健組の中核が、神戸山口組の執行部に不満を持ち、同様の考えを持つ他の山健組傘下組織とともに、神戸山口組の外に山健組を組織するのではないかというのである。

いったい、執行部に対して、どんな不満があったというのか。神戸山口組を離脱した山健組傘下組織の規模はいかほどなのか……さまざまな情報が激しく錯綜するなかで、7月11日、神戸山口組内の五代目山健組の勢力は、兵庫県高砂市内で緊急会合を開催させている。事態が深刻であると思われるわけは、その会合に神戸山口組・井上邦雄組長が出席する方向で調整が進められたのではないかと言われたところだ。

「通常であれば、井上組長は神戸山口組の組長ですので、いくら出身母体とはいえ、下部組織の山健組の会合に出席することはまずありません。最終的に井上組長の出席はなかったようですが、山健組内部がそれだけ深刻な事態になっているということでしょう」（ヤクザ事情に詳しいジャーナリスト）

山健組トップは、六代目山口組への抗争事件に関わった疑いで逮捕、起訴され、現在も社会不在を余儀なくされている中田浩司組長。ここで注目すべきは、今回、神戸山口組を離脱した組織は、その中田組長の意を汲む形で離脱したと言われる点だ。そして、神戸山口組の五代目山健組のトップもまた、現時点においては中田組長ということになるのである。

「関係者の間で話題になったのは、獄中からの中田組長の伝言だ。現在、中田組長は接見禁止を付けられているため、弁護士以外は話ができない。その弁護士を通じて、中田組長から山健組の組員らに『好きにしてよい』という旨の言葉があったのではないかと言われており、その言葉が今回の健竜会を中心とした勢力の離脱、もしくは分裂に繋がったと見られている」（捜査関係者）

この情報を信じるのであれば、神戸山口組・井上組長サイドと、山健組の中田組長サイドが対立関係にあることは想像に難くない。四代目山健組組長であった井上組長に付き従うのか、当代であり分裂抗争の前線で身体を張り、結果その身を拘束され、今なお獄中に身をおきながら、当局に対して沈黙を貫く中田組長の意向に沿うのか。山健組の組員らは、その選択を強いられ、それぞれの信念に従い、行動を起こしていると推察できるだろう。果たして、その裏に何があったというのか。

勾留中の中田浩司組長の真意　～2020年7月16日

そんななか、五代目山健組は7月11日に引き続き14日にも、兵庫県高砂市内で会合を開催した。地元関係者によれば、会場の周辺のいたるところに幹部送迎用の山健組系組織の車両が待機しており、山健組系組員らであふれかえっていたという。

山健組直系の組長や組幹部が多数出席したと思われる会合は数時間にも及んだようだが、最終的には、今後の去就についての結論にはいたらなかったと言われている。

「この会合で、山健組が本当に神戸山口組を離脱するかどうかが決まるのではないかと見られていた。そのため、獄中の中田浩司組長（五代目山健組組長）の意を汲んで神戸山口組離脱を主張すると見られていた最高幹部らも、この会合に出席している。だが、結論は出なかった。当代である中田組長が獄中にいるだけでなく、接見禁止を付けられているため、本当の意思を直接聞いた人間がいないというのが、結論が出ない要因のひとつかもしれない。こうした状態はしばらく続くのではないか」（業界関係者）

確かに、塀の中と外では、神戸山口組や山健組をめぐる情報に対する温度差があるだろう。中田組長の耳に入っている情報も限定的な可能性があるし、その中田組長から発せられた言葉も、現在は弁護人伝いであり、直接的な意思の疎通は困難な状態だ。一節には、中田組長が神戸山口組の井上邦雄組長への不信感の大きさを理由に同組からの離脱を指示したというが、本当にそう明言したのか。また、本当に正確な情報を耳にした上でそのような判断にいたったのかなど、組織関係者からすれば疑問をさしはさむ余地があるのかもしれない。

そんな状況だけに、山健組が神戸山口組を離脱するのか、もしくは中田組長派といわれる一部の勢力だけが神戸山口組を離脱するのか、それとも最終的には元サヤに収まり、五代目山健組として神戸山口組で活動していくのか、結論に至るまでには時間を要することも十分に考えられる。

こうした状況に対して、他団体はどのように見ているのか。ある関係者はこのような見解を示している。

「山健組が揺れ動いているのは間違いないだろう。それは神戸山口組全体に影響を及ぼすことになる。ただ、本当に神戸山口組から山健組が離脱するとしても、一部の勢力としてではなく、組織全体で抜けなければ、長年、山口組内で存在感を示し、神戸山口組結成の牽引役にもなった山健組の絶大な影響力は維持できないのではないか。それだけに分裂は避けたいのだろうが……」

一方で、解散が報じられた絆會（旧称・任侠山口組）でも情報が錯綜し始めたという。実話誌記者は語る。

「絆會は脱反社を目指し、近々解散するのでは……という情報は、これまでも何度か浮上してては立ち消えになっていたんですが、今回の解散説については、捜査関係者でさえ間違いないと見ていました。それがここにきて、解散を撤回、もしくは保留したと囁かれ始めています。タイミングがタイミングだけに、山健組問題となんらかの関係があるのかもしれません。山健組の一部勢力との合流や、絆會の主だった勢力による六代目山口組への移籍など、さまざまな情報が流れている段階です」

神戸山口組や山健組においても、そして絆會においても、今後どのような局面を迎えるのかは、正式発表が出されるまでは予断を許さない。ただ、六代目山口組と袂を分かった勢力の状況にこうした変化が生じているのは、六代目山口組・髙山清司若頭が去年秋に府中刑務所から出所してきたことと無関係ではないだろう。

「六代目山口組サイドでは、髙山若頭が出てくれれば分裂騒動は終焉するといわれていた。それだけ、山口組全体に与える影響力が絶大だということだろう。実際に髙山若頭が出所してまだ1年も経っていないというのに、分裂問題を取り巻く環境は大きく変わってきている。任侠山口組は山口組の看板を下ろして絆會となり、神戸山口組からは六代目山口組に復帰する勢力が相次いでいる。挙げ句に山健組でのこの内紛。六代目山口組の強固さが、対峙してきた勢力に影響を与えているのは間違いないだろう」（捜査関係者）

捜査関係者らですら「その影響力には特別なものがある」という髙山若頭を前に、分裂騒動は収束に向けて大きく変貌を遂げている。

警戒区域拡大は想定内　〜2020年7月23日

今年5月、岡山県岡山市で神戸山口組直系の池田組若頭が六代目山口組大同会若頭代行に発砲された事件に伴い、7月7日、岡山県岡山市、鳥取県米子市、島根県松江市、愛媛県四国中央市が、新たに警戒区域として官報に公示された。その後、愛知県あま市と兵庫県南あわじ市も加えられ、これによって、名古屋市や神戸市など10市あった警戒区域が、16市へと拡大されることになった。

今後、組員の活動はさらに締め付けを受けることになるのだが、果たして実情はどうなっているのか。ヤクザ事情に詳しいジャーナリストは、このように分析する。

「確かに活動に制限はかけられているものの、組織運営そのものにすぐさま支障をきたすまでにはなっていないようです。特に六代目山口組サイドは、ある意味これも想定内と受け取っているフシがあります。今回、警戒区域となったあま市ですが、ここにある六代目山口組関連施設は、神戸市にある総本部に使用制限がかけられて以降、一時的に本部機能の役割を果たしていた場所として当局も見ていたようです。ただ今回、警戒区域に指定される前には、すでに次の拠点に機能を移転していたようです」

現に今月5日、住吉会の首脳陣らが、六代目山口組の司忍組長と髙山清司若頭を訪問するという重要行事が行われていたのだが、このとき、あま市はまだ警戒区域となる前であったことから、六代目山口組サイドは同市内の関連施設で出迎えるのではないかと予想されていた。しかし実際には、異なる場所で住吉会の首脳陣らを迎えたようなのだ。

「どこで住吉会の首脳陣らを迎えたのかの詳細は定かではないが、今後、警戒区域がさらに広大したとしても、六代目山口組サイドではさまざまなケースを想定し、本部機能の役割を果たすことのできる拠点を多数確保できているのではないか」（業界関係者）

それを裏付けるように、六代目山口組サイドでは、この間も慶弔委員や組織委員の入れ替わりを行うなど、組織の活性化を図り続けている。「特定抗争指定暴力団」に指定され、さまざまな制限を受けながらも、組織運営の主たる部分は滞りなく機能しているのだ。

「さらに六代目山口組では、こうした組織を取り巻く環境を考慮し、当局の規制や取り締まりがこれ以上強化されぬよう、情報の漏洩にはこれまで以上に気を配っているようです。住吉会訪問の際もそうでしたが、『誰が、どこで、何をしているのか』という情報が外部にほぼ出てこなくなりました。そこは六代目山口組のみならず、神戸山口組においても同じと言えるでしょう」（実話誌記者）

五代目山健組をめぐり神戸山口組は揺れているが、その内実を掴むことも難しくなっている。今後、山口組の分裂問題はどのような局面を迎えていくのか。表面化していないだけで、水面下ではさまざまな攻防が繰り広げられているのかもしれない。

新生・山健組がついに誕生 〜2020年7月26日

今回の騒動は、いうならば、五代目山健組の分裂というよりも、同組の一部勢力が、神戸山口組からの離脱を表明した上での「分派」という表現が適切なのかもしれない。なぜならば、現在、神戸拘置所に拘留中の五代目山健組・中田浩司組長の意向のもと、神戸山口組を離脱し、五代目山健組として独自路線を歩むことを選択した勢力と、神戸山口組への残留を表明しているといわれる勢力は、敵対状態にはないからだ。そこは、組織内部の問題に起因して六代目山口組が分裂し、抗争状態を生んでいることとは大きく異なる。山健組内の両勢力間で争点となったのは、トップである中田組長の真意をどう解釈するかというものだ。

当初、中田組長は、先代山健組組長でもある神戸山口組・井上邦雄組長の運営方針の違いを理由に、神戸山口組からの離脱を決意。神戸拘置所の中から、五代目山健組として一本（独立組織）でやっていく意思を山健組の保守本流である六代目健竜会・西川良男会長に、弁護士を通じて伝えたと言われていた。

「中田組長は、はっきりと神戸山口組からの離脱の意思を、弁護士を通じて伝えたと言われている。だが、その後、山健組内で議論されたのが、中田組長には、現在の組織をめぐる状況や、神戸山口組が今日に至るまでの経緯がきちんと伝わっているかという点だった。中田組長は昨年12月に逮捕されて以降、接見禁止を付けられているため、弁護士としか面会ができない状態が続いている。そのために、今後の組織の方針を判断するための正しい情報が正確に伝わっているのかという点に疑義を呈する向きもあるようだ」（業界関係者）

実際、7月11日に山健組が緊急会合を開催したものの、結論が出ないまま、3日後となる14日に再び会合が開催され、その席上、中田組長の意思があらためてはっきりと伝えられたという。それが前述した、神戸山口組からの離脱、そして五代目山健組として一本でやっていくということだったと漏れ伝わってきている。

しかし、組織内には、この伝聞を「金科玉条」とする勢力とそうでない勢力が出たということになる。そして、最終的な結論が出ないまま、22日には神戸山口組を離脱とする勢力による決起集会とも言える会合が兵庫県高砂市で開催されたのだ。現在、その状況を確認中という捜査関係者はこう解説する。

「山健組は現在、預かりとなっている2組織を含めた直系組織が47あり、それらのうち拘留中の組長が1名、服役中が3名いると見られている。22日の会合では、24組織の組長らが会合に出席し、席上で神戸山口組からの離脱が正式に表明された。さらに、神戸山口組に残留したい組織は退席してもいいとする申し出もあったようだ。確認を急いでいるが、この時、5人の組長らが席を立ち、会合を後にしたようだ。今後、神戸山口組に残留する勢力も会合を開催するとみられており、そこにどの組織が参加するかで、勢力図がはっきりするのではないか」

冒頭でも触れたように、あくまで中田組長の言葉を現時点でどう捉えるのかという路線の違いによる分派であり、両者は敵対関係にあるわけではないようだ。それぞれが会合で膝を突き合わせて、互いの意思を確認するという民主的とも言える手続きも踏まれている。ただ、神戸山口組の離脱を表明した五代目山健組は、中田組長がトップであることに変わりがないことに対して、残留する五代目山健組勢力はトップが不在ということになる。そのため、残留派の今後の組織運営については、人事面も含めた大きな改革が行われる可能性があるだろう。

「5人の大御所」の一角が離脱 〜2020年7月29日

今から5年前の2015年8月。神戸山口組を発足させた際、中心となった親分衆は「5人の大御所」と呼ばれた。その5人とは、神戸山口組・井上邦雄組長、二代目宅見組・入江禎組長、俠友会・寺岡修会長、池田組・池田孝志組長、正木組・正木年男組長である。

この親分衆は、六代目山口組においても執行部の経験がある幹部で、六代目体制の礎を築いてきた一員として知られてきた。それだけに、5人の親分衆らが神戸山口組を発足させたことには大きなインパクトがあった。だからこそ、その5人の親分衆に対して、六代目山口組執行部が下した処分は、同じタイミングで離脱したほかの組長らとは違い、ヤクザ社会でも最も重い処分となる絶縁だったのだ。

それでも、この大物たちが一斉に立ち上がったことで、それまでは不可能といわれていた山口組分裂が起こったのは事実だ。そして、神戸山口組は、日本最大のヤクザ組織である六代目山口組と対峙することになったのだ。

しかし、5年の経過とともに、その一角が崩れてしまった。7月27日、池田孝志・池田組組長が、神戸山口組から離脱したという情報が流れたのだ。

池田組長の離脱が業界内で噂となり、信憑性が高まっていったのは、五代目山健組が神戸山口組を離脱して、一本（独立組織）として独自路線を歩むのではないかという情報が駆け巡り始めた最中だった。さらにその頃には、一部新聞紙面でも「解散が濃厚」と報じられた絆會が、急遽、解散を撤回するという情報が浮上。その理由のひとつとして、池田組と合流するのではないかという説が囁かれた。

「池田組長と絆會の織田絆誠会長は、神戸山口組時代から親しい間柄であったと業界関係者らは口にしています。現に織田会長らが神戸山口組を離脱した際には、池田組長は執行部から降りています。今のところ絆會と合流したという事実は確認されていませんが、近くそういった動きがあったとしてもおかしくありません」（ヤクザ事情に詳しい記者）

池田組が神戸山口組を離脱したと見られる翌日の28日には、絆會サイドから、それを肯定するかのような通達も出されたと語る業界関係者らも存在する。それに対する捜査関係者の見解はこうだ。

「そのような通達が流布したのは事実だが、ＳＮＳなどで拡散された通達文や破門状、または内部情報などが、必ずしも本物かと言えばそうではない。相手陣営を錯乱させるために、意図的に流されるニセ情報やニセ通達文もあるし、愉快犯的に個人が手の込んだ破門状などを作成し、ネットに広めることもある。そうした可能性も視野に入れて、今後の推移を見守る必要があるのではないか」

確かに、池田組の神戸山口組離脱が確認されてから、ほかにも「ある組織が脱退したようだ」「いやあそこも抜けるようだ」などといった真偽不明の内部情報がSNS上で拡散されている。こうした現象は、六代目山口組分裂後、特に散見されるようになった。

一方で、業界関係者の間には、こういった声もあるようだ。

「池田組は神戸山口組のなかでは、群を抜く資金力を持つ組織として知られていた。それに対して、神戸山口組のなかで、強力な武力を持つ組織といえば山健組だった。その山健組で当時、かつて副組長を務めた織田会長らの勢力が抜け、今回、結果として中田（浩司・五代目山健組）組長らが五代目山健組として離脱することになった。池田組の動きも関係しているのではないか」

特に池田組が本拠地を置く岡山県には、山健組の一大勢力があり、なかでも四代目山健組発足当時に若頭を務めた妹尾英幸組長を創設者とする三代目妹尾組という武闘派組織も存在している。その妹尾組を含めた岡山県内の五代目山健組の勢力が今回、神戸山口組を離脱したのだ。そうした背景も、池田組の判断に影響を及ぼしているのかもしれない。

中田組長の意を受けた五代目山健組、そして、大御所といわれた池田組長率いる池田組の離脱という重大事が立て続けに起きた神戸山口組は正念場を迎えている。

分裂騒動が迎えた大きな岐路　〜2020年7月30日

7月22日、神戸山口組からの離脱を正式に表明した五代目山健組が、兵庫県高砂市で決起集会とも受け取れる会合を開催したのは既報の通りだ。さらに27日には、神戸山口組発足の中心人物のひとりである池田孝志組長率いる池田組が、神戸山口組から離脱することが明らかになった。そんななか28日には、五代目山健組内で神戸山口組への残留を決めたと見られる勢力が、兵庫県明石市で会合を開催した。

この会合には、高砂市での決起集会に参加しなかった山健組直系組長をはじめ、22日の会合を途中退席した組長が複数出席したことが捜査当局によって確認されている。

「この会合に出席した神戸（山口組）残留派は、10数名と見られており、数では、神戸を抜けた勢力のほうが上回っていると聞いている。まだ会合の内容までは漏れ伝わってきていないが、離脱騒動に関係していることは間違いないだろう」（業界関係者）

ただ神戸山口組では、拘置所から離脱を指示したとされる五代目山健組・中田浩司組長になんらかの処分を下すことを現在までしていない。それについて、ヤクザ事情に詳しい専門家はこのように指摘する。

「2017年に絆會の織田絆誠会長らが神戸山口組を離脱した際は、すぐに神戸山口組執行部からの絶縁処分が関係各所へ伝えられています。しかし、今回の中田組長のケースは明らかに違います。中田組長は現在、接見禁止状態ですが、それが解除され、弁護人以外の組織の人間も面会ができるようになれば、社会や組織の状況を正確に把握することができるわけです。そうなった時に中田組長が心変わりすることも考えられると見ているのではないでしょうか。実際、これまでも山健組内部からはそうした声が漏れ伝わってきていました。それに山健組といえば、神戸山口組の軸となる勢力です。その勢力の多数派が、中田組長の意向に付き従い離脱したのですから、その扱いについては、否が応でも慎重になる必要があるのではないでしょうか」

特に中田組長は、現在、六代目山口組分裂抗争の事件に関与したとして社会不在を余儀なくされている。言うなれば、組織のために身体を賭けた功労者となるのだ。だからこそ、今回の中田組長の離脱の意向は多くの支持を集めたとも言えるだろう。そんな山健組だが、今後の動向はどうなるのか。前出の業界関係者はこう話す。

「神戸山口組から離脱した勢力も、残留の意向を示している勢力も、いったんは袂を分かつ形になったとはいえ、五代目山健組として、どうにかひとつにまとまることはできないかという考えは同じではないだろうか。ただ、どちらの会合にも出席していない組長らが存在しており、そのなかには、この機会に引退する意志を示している組長もいると言われているようだ」

確かに、山健組がこうした状態になるとは誰が予想できただろうか。心血を注いで山口組を支え、一時は「山健にあらずんば、山口にあらず」といわれたほどの名門組織が2つに分かれるという前代未聞の出来事を受けて、渡世から身を引くことを考える親分がいてもおかしくはないのかもしれない。特に、神戸山口組発足後、数年間は神戸山口組のトップである井上邦雄組長が、山健組の四代目組長を兼任していたのだ。その後、2018年に若頭を務めていた中田組長に五代目を継承したのだが、トップの出身母体ということは、神戸山口組において中核組織ということになる。つまり、神戸山口組の顔は山健組であったのだ。

「井上組長から代目を継承した中田組長が、拘置所から神戸山口組の離脱を決めた背景には、当初問題視されていた、上層部に収める高額な組費（会費）以外の事情もあったのではないか。現にその後、組費が減額されたらしいのに、離脱は回避できなかった。そのほかにも余程のことがあったのではないか」（同）

今回の五代目山健組の騒動は、今後の神戸山口組の運営にも大きく影響していくだろう。直接的な因果関係は定かではないが、現に神戸山口組随一の資金力を誇っていたと言われた池田組も神戸山口組を離脱している。今後も離脱する組織が出てくるのではないかと噂されるのは、必然とも言えるだろう。

また、六代目山口組と神戸山口組が抗争状態にあると見て、両組織を「特定抗争指定暴力団」に指定している警察当局は、今回の離脱劇をどのように見ているのか。

「五代目山健組の一部勢力も池田組も、神戸山口組から出たとはいえ、すぐに特定抗争指定の対象外とはしないと思われます。しばらくの間はその動向を見つつ、ゆくゆくは独立組織として指定暴力団に指定することも検討しているのではないでしょうか」（ヤクザ事情に詳しい専門家）

当局も大きな分岐点を迎えることになりそうだ。

神戸山口組で収まらない「離脱ムード」 ～2020年7月31日

神戸山口組から、中核組織である五代目山健組の一部勢力に続き、主力組織のひとつであった池田組も離脱した問題。ある業界関係者は、池田組・池田孝志組長が今回の行動を取るにいたった背景をこのように語っている。

「巷で噂されているように、池田組長と昵懇だった織田絆誠・絆會会長らが２０１７年に神戸山口組を離脱したところから、池田組長と神戸山口組執行部とは距離ができたと言われている。その後、織田会長サイドが記者会見で同執行部を批判したことへの報復かのように、織田会長襲撃事件が起きた。このことにも池田組長は不満を抱えていたという話だが、だからといって離脱後の現在、池田組と神戸山口組とが敵対関係にあるかというと、そうではないらしい。あくまで現在のところ、池田組として一本（独立組織）で独自路線を歩むということなのではないか。そうした過程で、織田会長の絆會とも友好な関係を築いていくことは十分にあるのではないか」

捜査関係者らも、池田組の動向については裏取りを進めているという。そうした状況と並行して囁かれているのが、他の神戸山口組の直系組長らの離脱説だ。ヤクザ事情に詳しい記者はこのように話す。

「五代目山健組問題や池田組離脱問題の際、神戸山口組側の軸となり、関係各所との説得や話し合いに動いたとされるのが、神戸山口組若頭である俠友会の寺岡修会長です。寺岡会長は、人徳もあり極道の筋を通す親分として知られています。その寺岡会長が動いても、現在の神戸山口組の直系組織の間に漂う離脱ムードは収まりきっていないと見られます。ここ数日も、複数の直系組長が離脱を願い出たという噂が駆け巡っています。もちろん、そうした情報の信憑性は高いとも低いとも言えず、正式に離脱が決定するまではなんともいえません。ただ、不穏な噂が絶えず業界関係者の間に流れていること自体、神戸山口組にとって良い流れだとは言えないのではないでしょうか」

そうしたなかで、離脱組と残留組に分派した五代目山健組について、興味深い状況が生じているという。神戸山口組に残留を決めた勢力も、引き続き、中田浩司組長がトップであることを確認したようなのだ。

「中田組長の意向を汲んで神戸山口組から離脱した五代目山健組の親分はもちろん中田組長だが、神戸山口組残留派の山健組も、親分はあくまで中田組長というスタンスを取るらしい。そうした現状を鑑みても、中田組長に対して、神戸山口組執行部が破門や絶縁などといったなんらかの処分を下すようなことはないのではないか」(捜査関係者)

現在、拘留中の中田組長は弁護人としか接見ができない。残留派の山健組としてみれば、いくら弁護士経由で中田組長の離脱の意思を伝えられたとしても、中田組長が社会復帰し、直接対話してからでないと、次の行動に移るべきではないという考えを持っているのかもしれない。だとすると、それまではトップを変えることなく、中田組長の帰りを待つという姿勢になるのだろう。そのあたりが、織田会長らの勢力が神戸山口組、そして山健組を離脱し、絶縁という厳しい処分が下された時とは状況が異なっている。

一方、六代目山口組サイドでは、髙山清司若頭が社会復帰した直後から、さまざまな動きが起きているのは事実だ。特に、激化した六代目山口組による神戸山口組への攻撃を経て、六代目山口組に移籍する勢力が相次いでいる。そして、今回の山健組と池田組の離脱劇である。

「司忍組長はあくまで山口組の象徴であり、運営には直接は携わらない。実際に指揮を振るうのは、最高指揮官といわれる髙山若頭となる。その髙山若頭の影響力には、すさまじいものがある。実際に髙山若頭が復権すると、分裂問題の潮目は大きく変わり、収束に向けて動き出したように見える」（事情通）

表面上は沈黙を守り続けている六代目山口組。次は何が起こるのか。

求心力を発揮する「弘道会若頭」〜2020年8月4日

五代目山健組と池田組の神戸山口組脱退後、毎日のように神戸山口組の幹部クラスの親分が引退するのではないか、離脱するのではないかなどの情報が錯綜するなか、対峙する六代目山口組の中核組織・三代目弘道会、なかでも野内組が勢力を拡大し続けている。

幾度となく取り上げているが、そうしたなかでも爆発的な拡大を見せているのが、野内組の系列組織、平野権太会長率いる権太会だろう。

「破竹の勢いとはまさにこのことだ。業界関係者のなかでも、最近は移籍話が浮上すれば、まず権太会絡みではないかと噂になるくらいだ」（業界関係者）

ただ、野内組には権太会だけでなく、ほかにも強烈な存在感を示し続ける系列組織が存在している。それが二代目北村組だ。先日も、ネット上では瞬く間に通達文と見られるものが拡散された。

「移籍報告

元絆會幹部三代目勢道会々長拝藤眞治、元絆會直参二代目絆俠会々長廣瀬元則、元絆會直参伊庭組々長伊庭元始らが、7月23日付けで弘道会野内組二代目北村組に拝藤（舎弟）広瀬（若中）伊庭（若中）以下18名が参加加入しました。以後名称変更後拝藤会と致し会長を拝藤眞治と致します事お知らせします」（SNSで拡散された原文ママ）

この通達文によれば、今回の移籍は、一時は確実視されていた「解散」という方針を撤回したばかりの絆會からということになる。

「絆會は、脱反社会的勢力を目指すために、解散する方向で話し合いが進められていました。そのため、仮に解散した場合、六代目山口組系組織へ移籍することが内定している勢力が複数あったと言われています。それが事実なら、今後もまだ絆會サイドから六代目山口組系サイドへの移籍もあるのではないでしょうか」（ヤクザ事情に詳しい記者）

この記者によれば、解散を前提に移籍話を進めていた勢力のなかには、解散が撤回となっても、六代目山口組サイドに移籍する意思はもう変えられないと考えている組員たちも少なくないというのだ。それにしても、弘道会の勢力拡大は目を見張るものがあると、業界関係者らは口を揃える。

「野内組で相談役という名誉職を務めている権太会だけで、一説には半グレまで合わせるとすでに200人にもなる、と言われている。北村組においても、大阪でも激戦区といわれる西成で組員を増やし、盤石な勢力を誇っていると言われているのだ。その上部組織の野内組ともなれば、現在、いったいどれくらいの勢力になっているかわからないほど。資金面を中心に多くの組織の基盤が弱体化しているなかで、組員を増やせるほどの安定性をもった組織は、移籍先として魅力的と言えるのだろう」

確かに、野内組を率いる野内正博組長は、六代目山口組・高山清司若頭が創設した初代高山組で行動隊長を務めた経歴を持つ人物で、言うなれば「高山若頭のDNAを受け継ぐ最高幹部のひとり」といわれている。その野内組長が昨年11月に三代目弘道会の若頭に就任して以降、自身が抱える組織を急速に拡大させているということだ。

冒頭でも触れた通り、神戸山口組の中核組織である山健組内部が揺れ動いているのに対して、六代目山口組の中核である弘道会内は、野内組を軸にさらに強固な組織力を築いているといえる。この対照的な構図が、今後の六代目山口組分裂問題に影響を及ぼす可能性は高いといえるのではないだろうか。

絆會の重要拠点を権太会が席巻　～2020年8月14日

拡大し続けるこの組織の勢いを報じるのは何度目になるだろう。その組織とは、六代目山口組の中核組織である三代目弘道会系野内組で相談役を務める、平野権太会長率いる権太会である。

昨年来，急速に勢力を伸ばしている権太会への大型移籍が、またしても実現したというのだ。それは、8月13日のこと。これまで絆會で若頭補佐を務めていた古川興業組長が権太会へと加入。同じく絆會傘下だった二代目古川組若頭をはじめとした同組最高幹部らが、二代目古川組改め、尼崎睦会という新組織を発足し、権太会へと加入したという情報が流れたのである。

「二代目古川組は、組長の引退に伴い、尼崎睦会となりました。その尼崎睦会会長には、古川興業の高橋輝吉組長が就任したようで、さらに絆會本部の預かりとなっていた組織からも、同じ日に権太会への移籍があったと見られています。そのほか、神戸山口組の三代目古川組の組員も尼崎睦会へと移籍したという情報があります」（実話誌記者）

実際、それを裏付けるかのように、ＳＮＳでは、これらの情報が掲載された移籍報告書が業界関係者の間で拡散されている。それによれば、尼崎睦会として権太会へと移籍したのは12名。そのほかに、絆會本部の預かりとなっていた組織で組長代行を務めた幹部ら数名が権太会へと加入したことが記されている。

「業界内では、拡散されたこの移籍報告書の内容は真実だとの見方が強い。絆會は一時、解散することが濃厚と見られていた。実際にその方向で調整が進められていたのは間違いない。だが、解散は撤回となった。しかし、なかには解散後の移籍先を決めていた幹部たちも存在していたようだ。そんな幹部たちにとっては、一度進めた話を簡単に撤回するわけにはいかない。それが今回の大量の移籍に繋がった背景だと考えられる」（捜査関係者）

それにしても、権太会だ。昨年、神戸山口組系から六代目山口組系へと復帰し、三代目弘道会の若頭を務める野内組へ移籍して以来、飛ぶ鳥を落とす勢いで組織を拡大し続けている。さらに今回、下部組織として尼崎睦会を発足させたのだ。

絆會は２０１７年４月、兵庫県尼崎市で結成式を行い、２回にわたる記者会見も同市内で行われた。絆會にとって、尼崎市内は重要な活動拠点だった。その尼崎に本部を置く二代目古川組などの勢力が、今回、まとまって権太会へと移籍したというのだ。

神戸山口組や絆會から、かつて袂を分かった六代目山口組サイドに移籍、復帰するケースがこのところ増えているが、今回の移籍劇も、そうした動きをさらに加速させることになるのだろうか。

六代目山口組と絆會が争奪戦!? 〜2020年8月15日

長すぎた梅雨が明け、8月に入ると日を追うごとに暑さが増し、いよいよ夏本番に突入した。そんななかで、ある人物が鳥取刑務所から帰還を果たした。その人物とは、六代目山口組の直系組長だった二代目大平組の中村天地朗組長（引退）の実子で、同組では若頭を務めつつ、中村会を率いていた中村彰宏会長だ。

出所前日となる8月4日から、中村会長の出所をめぐり、業界関係者はざわついていた。それは、中村会長の出迎えとして、六代目山口組の中核組織である三代目弘道会の野内組から、権太会を中心とした勢力が鳥取刑務所を訪れるとみられたからだ。
「一説には、その数は120名にのぼるのではないかと見られていた。だが、それが当局の知るところとなってしまう。そのため、急遽、大規模な出迎えは中止せざるを得なくなったようだ。ただ、中村会長の出迎えに訪れようとしていたのは、弘道会系勢力だけではなかった。そのため、当局は万が一に備えて大勢の捜査員を鳥取刑務所へと派遣することになった」（業界関係者）
中村会長の出所日となった8月5日当日。この関係者の話にもあるように、鳥取刑務所には地元の鳥取県警だけではなく、兵庫県警の捜査員らも詰めかける事態となった。当局がここまで警戒を強めたのは、中村会長の出迎えには、弘道会系勢力だけではなく、絆會もいたからだ。
「現に、絆會の最高幹部らを乗せた一台の車両が、中村会長の出迎えのために、鳥取刑務所の敷地内に通されていました。しかし、中村会長はその車両には乗らず、その車両と入れ替わる形で敷地内へと通された、別の車両に乗り込むことになりました。中村会長を載せたその車両は、鳥取県内を出るまでは、鳥取県警が、鳥取県を出てからは兵庫県警が警備にあたっていました」（ヤクザ事情に詳しいジャーナリスト）
六代目山口組系勢力と絆會系勢力。対立関係にあった2つの組織が中村会長を出迎えたのには、理由があったという。それは、中村会長の受刑中に起きていた情勢の変化によるものだった。

中村会長は、二代目大平組の中村組長引退後、自ら大興會を創設。同組織は一時、絆會へと参画していた。その後に、同じく大平一門の権太会（権太会の平野権太会長は、二代目大平組で最高幹部を務めていた）が、神戸山口組サイドから六代目山口組の中核組織、三代目弘道会の野内組へと移籍した流れで、今春、大興會も絆會から権太会へと加入することになったのだ。

「この時、中村会長は受刑中で、絆會執行部としては、直接、中村会長とのやりとりはなかった。そのため、中村会長の意思をあらためて確認すべく、絆會サイドでは出迎えとして、最高幹部を鳥取刑務所に向かわせた。だが、中村会長は絆會の車には乗りませんでした。同門だった権太会加入の意思が揺るがないことを明確に表示したように見えました」（業界関係者）

中村会長が率いる大興會は、兵庫県尼崎市を始め、鹿児島県、長野県、山梨県に勢力を誇っており、中村会長自体、ヤクザ社会では珍しいとも言われる有名大学の出身だという。

「山梨学院の法学部出身で、レスリングでは全日本4位までいったほどの腕前だという話です。同じ刑務所に務めた元受刑者の話によれば、刑務所の運動時間中は、ずっと筋トレ

に励んでおり、体力面では誰も中村会長についていけなかったという話です」（事情通）
そんな中村会長が復帰を果たした権太会は、今や爆発的な拡大を見せている。さらに、大平一門の流れを継ぐ勢力がここに結集したことで、業界内での注目はさらに高まっているようだ。

あとがき

沖田臥竜

今から5年前、誰が神戸山口組の現状を想像することが出来ただろうか。兵庫県尼崎市で神戸山口組幹部がマシンガンで射殺され、直系組長の離脱が相次いだ、そして、ついには神戸山口組の看板とも言える山健組が袂を分かち、六代目山口組で執行部経験のある5人の親分衆のうち1人が離脱、1人が引退という形で組織をあとにしたのだ。

全ては、六代目山口組・髙山清司若頭が出所してからの出来事である。わずか1年で、こんなにも変わるのかというほど、六代目山口組と神戸山口組の現状は違を見せることになった。

六代目山口組と神戸山口組の現状を大きく隔てたのは何なのか。それを考えると、やはり暴力の行使とそのあとの対処法に行き着く。

六代目山口組サイドは、事件を起こすたびに組員や元組員が出頭してきている。それはまるで自軍の犯行を高らかに宣言するかのように映った。中には無期懲役になることも十分に考えられる中での出頭もあった。そうまでして、分裂問題を終わらせるという強い意志の表れとも言えるが、それだけではない。

もう一つの意味合いとして考えられるのは、上層部に累が及ばないために、逮捕者を最小限で食い止め、捜査そのものを終わらせてしまうということだ。解決していない事件は、未解決となり捜査は解決するまで延々と続く。それが人の生死ともなれば、殺人などの凶悪犯罪の時効が撤廃されたことで、捜査は永久に続くのだ。捜査は長引けば長引くだけ、その背景が浮き彫りにされ、一旦、事件の全貌が割れれば逮捕者が大勢になることも珍しくない。

しかし、たった1人でも出頭し、自らの犯行として認めて、事件にフタをしてしまえば、のちに捜査の手が上層部に伸びることはまずない。

仮に、そこまで六代目山口組側が考えていたとすれば、長期戦になればなるだけ、敵方と明暗を分けることになっていく。そして、強い力のある場所へと人が集中する。それは、何もヤクザの世界だけではなく世の仕組みとも言える。

ただ、ここまで来ても、神戸山口組を壊滅しきれるだろうか。どれだけ劣勢に立たされたとしても、神戸山口組のトップである井上邦雄組長が、神戸山口組を解散させない限り、終わりはないのだ。極端な話、組員が今よりも減少し、数十人になったとしても、明らかに六代目山口組が圧倒していようが、井上組長が神戸山口組を解散させない限り、分裂問題は続いてしまうことになる。共存はあり得ないだろう。どこかの段階で話し合いが持たれ、六代目山口組と神戸山口組が二つの山口組として、並行していくことはない。なぜならば、六代目山口組として、それを認めてしまうということは、ヤクザ社会のタブーである逆縁に、妥協を示したことになりかねないのだ。

そうしたことを踏まえれば、この1年で力の差は歴然となったとしても、山口組分裂問題に決着がつけられるのはまだしばらく先ではないだろうか。

令和2年9月

沖田臥竜

（おきた・がりょう）

社会事件から政治、芸能、そして裏社会まで幅広いフィールドを題材として執筆する作家。映像作品の企画、原作、監修なども務める。小説作品として『死に体』（れんが書房新社）、『忘れな草』（サイゾー）の著書があり、最新刊に『迷宮　三大未解決事件と三つの怪事件』（サイゾー）のノンフィクション作品がある。

［カバー写真］
喜志洋介

［装丁・本文デザイン］
鈴木俊文
（ムシカゴグラフィクス）

相剋 山口組分裂　激動の365日

2020年10月25日　初版第一刷発行

[著者]
沖田臥竜
＋山口組問題特別取材班

[発行者]
揖斐　憲

[発行所]
株式会社サイゾー
〒150-0043
東京都渋谷区道玄坂1-19-2 スプラインビル3F
電話　03-5784-0790（代表）

[印刷・製本]
株式会社シナノパブリッシングプレス

ISBN 978-4-86625-136-3